Dieses Buch ist meinen Söhnen
Reto, Juri und Hannes
gewidmet,
meinen Schwiegertöchtern
Lara und Nicole,
Hannes' Freundin
Sabrina,
meinen Enkelinnen
Déby und Lynn,
meinen Enkeln
Matteo und Livio,
die mich nie stören,
wenn ich mich tagelang
in meinem Arbeitszimmer
hinter dem Laptop verkrieche.

Brigitte Riederer

Sens- und Nonsens-Gedichte 3

Gedichte - Der Sinn des Unsinns

BoD-Verlag

Bibliografische Information der Deutschen Nationalbibliothek:
Die Deutsche Nationalbibliothek verzeichnet diese Publikation in der Deutschen Nationalbibliografie; detaillierte bibliografische Daten sind im Internet über http://dnb.dnb.de abrufbar.

©2016 Brigitte Riederer

©Umschlagmotiv: Encaustic-Bild gemalt von Brigitte Riederer

Herstellung und Verlag:
BoD - Books on Demand, Norderstedt

2. Neuauflage
ISBN 978-3-7412-7551-7

Inhaltsverzeichnis   **Seite**

Widmung	002
Inhaltsverzeichnis	005
Vorwort	007
Gedichte	009
Glossar	289
Autorenportrait	301

Chronologische Reihenfolge
05. 02. - 14. 02. 2015

Vorwort

In diesen Gedichten begegnen wir Tanten, Dieben, Bill und Will, Hunden, Affen, Katzen und vielem mehr. Die Texte wirbeln durch verrückte Welten, auf abenteuerliche Weise setzen sie sich zusammen, durch Reim und Rhythmus ergeben sich neue Rahmungen, aus Unsinn scheint Sinn auf.

Brigitte Riederer, meine Schwester, schrieb diese Gedichte in einem Hoch. Ihr purzelten die Zeilen nur so aus dem Ärmel, sie musste alles sofort an allen möglichen wie unmöglichen Orten (wie auf der Autobahn auf der Überholspur) niederschreiben, nichts sollte verloren gehen.
Diese Phasen wurden durch ärztlich verordnete Medikamente dann gekappt, ein Eingriff, den meine Schwester bis heute nicht verwinden kann. Der Kopf wurde still, die Gedichte versiegten.

Mit diesem Buch wurde jene Zeit nun festgehalten und gewürdigt.
Ich wünsche den Leserinnen und Lesern dabei einen vergnüglichen Hochgenuss.

Denise Moll

in fünf minuten
ihr guten
sind die truten
gar
das ist wahr

die frau Holle
ist ganz ne tolle
schickt uns schnee
in rauen mengen
damit in Wengen
die abfahrt kann starten
doch so lang müssen wir noch warten

der kater
im water
hat kalt
denn er ist alt

an der mauer
hock ich auf der lauer
bin am suchen die katze
welche mit einem satze
mir hat gestohlen vom tisch
den fisch

ich geb mir mühe
zu trinken
die brühe
wo all die finken
scheissen rein
das ist gemein

die maus lass ich links liegen
denn es biegen
sich die gemäuer
mir ist nicht mehr geheuer
und ich gehe
dabei drehe
ich mich um
doch das war dumm
denn ich sehe
oh wehe
wie die tannen
falln in sich zusammen

der herr Moll
findets toll
zu fahren ski
das würde ich nie

ich bin froh
und das kommt so
denn ich habe
eine gabe
die nicht jeder hat
und das ist „glatt"

ich gönne mir
ein glas bier
in einem lokal
denn dann sitz ich mal
für ein paar stunden
mit meinen kunden

sie tun sich bemühen
mit ihren kühen
sie zu dressieren
doch das tut „pressieren"
für den zirkus
denn das ist ein muss
zu gehen hin
was für ein ding

wer hat gestohlen
so unverholen?
denn es fehlen
in der kasse
1000 franken
und eine tasse
wir danken
jetzt schon
und zahlen dem finder
einen lohn
vielleicht warens kinder?

die kluge
im zuge
setzt sich hin
das macht noch keinen sinn
und schlägt die beine
ja das ists was ich meine
übereinander
dass jeder ander-
e
es ihr gleich tut
das braucht mut

ich muss nur dran ziehen
dann verglühen
die zigaretten
und die betten
fangen an zu brennen
und wir rennen
weg von dort
an einen sicheren ort

heisse träume
sind wie schäume
sie fliegen dahin
ganz ohne sinn

den tanten
und ihren verwandten
gefallen die elefanten
sie wollen sie füttern
und dabei erschüttern
sie das gehege
welches geniesst gute pflege
vom personal
allemal

wir verspeisen fliegen
und die da drüben
die räudigen hunde
zu nächtlicher stunde
sie fressen den rest
vom fest

bin allein
s fragt kein schwein
nach mir
das verdanke ich dir
drum sitz ich immer noch hier
ich bleibe hier sitzen
mit meinen witzen
und warte darauf
dass jemand auf
mich wird aufmerksam
und dann
ich kann
verlegen
mit deinem segen
meine witze
bei brütender hitze

es können
mir nicht gönnen
die leute
von heute
meinen hund
na und?

die maus lasse ich hocken
in meinem kaputten socken
lass sie dort darben
mit ihren narben
die sie schon hat
seit jener tat
von der tatze
der katze

die szene
im Va Bene
tut allen gut
auch ohne hut

bei mir zu haus
wie siehts da aus?
da hat ne maus
mir gemacht den garaus

du gehst auf
wie ein küchlein
das steht drauf
auf meinem büchlein

ist das noch normal?
der weg ist so schmal
kann kaum einer gehn
und jetzt wehn
noch die winde
des himmels kinde
den schnee herum
warum?

heute
liebe leute
gibts tee
im schnee

ich lese gedichte
über meine geschichte
und die alten wichte

ich möchte hören
von verschiedenen chören
eine resonanz
beim tanz

wenn du reitest im trab
gefrieren dir ab
die zehen
du wirst schon sehen

ich kann lenken
und denken
zugleich
ich mach keinen „saich"
über die welt
und das geld
über die not
und wer ist tot

ich lass mich bedienen
und dabei verdienen
das personal
total
viel geld
auf dieser welt

ich tu schäfchen zählen
dabei bin ich mich am quälen
durch die nacht
doch ganz sacht
kommt der schlaf
und ich bin ganz brav

ich muss ausharren
neben dem karren
der gehört dem bauer
und der ist sauer
auf seine kühe
die trotz grosser mühe
geben milch zuwenig
s reicht nicht mal für den könig
und seinen hofstaat
ach was für ein salat

ich muss kaufen
doch könnt ich mir raufen
die haare vom kopf
für einen topf
voller bohnen
dabei wohnen
wir grad nebenan
und dann
ist fertig die geschichte
für meine nichte

ich komme gleich wieder
denn wir sind brüder
auf leben und tod
und in der not
fressen wir fliegen
die da rumliegen
und verpesten die luft
ach was für ein duft

die helden von gestern
und ihre schwestern
will ich sehen
und dabei gehen
über leichen
dabei muss ich „go saichen"
wo soll ich denn hin?
denn ich bin
ein bisschen prüde
und auch schon müde

ich will hören
ich kann schwören
geschichten alte
wo vorkommen kalte
gangster von heute
was sind das für leute
die morden
ganz ohne sorgen
so vor sich hin?
was gibt das für einen sinn?

Bill
macht was er will
er geht ins kino
um dann „no"
eine zu rauchen
doch dort schlauchen
die offiziere
ihre soldaten
wie tiere
wird Bill sie verraten?

Bill
und Will
sind beide still
sie hören von fern
von einem stern
laute ganz schöne
und diese töne
bleiben ihnen im ohr
doch da kommt ein tor
und spielt auf seiner geige
es wackeln sogar die zweige
im takt
doch da kackt
in die hose sich Bill
und der Will lacht
dass sogar kracht
ein zweig vom baum
s ist wie ein traum

ich will warten
in nachbars garten
auf dich
doch ich
friere
drum geh ich zur türe
und mache sie auf
doch was steht da drauf?
es ist verboten
zu „schloten"
in diesem raum
das ist kein traum

es ist vorüber
ich mag darüber
nicht mehr sprechen
und wir rechen
sauber den rasen
dort wo grasen
die kühe vom bauer
der wohnt neben der mauer

Max
hat einen fax
er will ihn brauchen
doch der fängt an zu rauchen
ganz fest
das ist kein test

ich erschrecke
und ich wecke
die hühner auf
sie hüpfen drauf
auf den karren
und fangen an zu scharren

er fragt mich
ob ich hab dich
noch lieb
der dieb
und ich gib
ihm eine schüssel
für den rüssel
von seinem schwein
ist das nicht gemein?

ich koche vor wut
und das tut gut
drum krieg ich von dir
einen humpen voll bier

ich schlummere ein
ganz ohne wein
und versuche
in einem buche
zu schreiben gedichte
für mich und die wichte
doch das ist geschichte

der herr Meier
hat die gekauften eier
wieder mal zerschlagen
drum wird er sich fragen
kann ich so nach hause gehn?
doch er will sehn
was ist geschehn
mit seinen eiern
auf dem weg?
ja er ging feiern
über dem steg
im alten schuppen
wo die „puppen"
tanzen
und mit ihnen die wanzen
schaurig und schön
und es bläst der föhn
was für ein hohn
jetzt gibts für den Meier keinen lohn

ein hund
na und?
kommt gelaufen
und will saufen
wasser vom feinsten
das hats im kleinsten
loch in der strasse
und in jeder gasse

die alten hunde
zu vorgerückter stunde
kommen hervor
und durchs tor
vom „metzgermeister"
doch der hat kleister
auf der strasse verteilt
und so eilt
ein jeder hund
na und?
nur bis zum kleister
vom „metzgermeister"
und bleibt dort kleben
doch das ist eben
das schicksal der hunde
zu vorgerückter stunde

der mann mit dem hut
tut mir gut
wir gehen spazieren
und flanieren
entlang dem strand
im weissen sand

der mann mit dem hut
der tut
niemandem was zu leide
und ich kreide
eine wand an
ja das ists was ich kann

ich gebe mir mühe
um vom bauer die kühe
zu melken
doch dabei verwelken
die blumen von draussen
die aussen
an der fassade sind
geschwind

ich will keine kuh
welche macht muh
im stall
und überall

ich kann
dann
und wann
dich begleiten
zum reiten
das tut gut
und ich nehm den hut
von meinem kopf
und setz ihn auf den topf
dort soll er bleiben
und mir die zeit vertreiben

wir eilen
und verweilen
am see
im schnee
und das tut gut
s braucht nicht mal mut
zu gehn im schnee
am see

ich gehe eine rauchen
denn wir brauchen
noch holz
doch ich bin zu stolz
will lieber frieren
und dich spüren
an meiner seite
du meine „maite"

mein kind
geschwind
zieh dich an
und dann
gehn wir in die stadt
wo es hat
viele schöne sachen
und wir machen
an den ständen
mit unseren händen
die dinge wieder sauber
ja „glaub mär"
die verkäufer sind froh
ja das ist so

Boris Becker
hat nen wecker
der schrillt so laut
und es haut
einem grad um
das ist dumm

ich weiss einen ort
und wenn wir sind dort
treffen wir die fee
und trinken mit ihr tee

ich will mir holen ein fass
dabei werd ich ganz nass
ich geh nach hause
und steh unter die brause
für eine weile
dabei schreib ich ne zeile
in mein buch
dann nehm ich das tuch
rubble mich trocken
und zieh an die socken

Bill macht ne tolle
rolle
auf dem boden
wo denn?
auf der terrasse
und ich hol ne tasse
kaffee
und für Bill tee

der regen rinnt
über meinen „grind"
ich werd ganz nass
das ist ein spass

ich bin ein mann
und der kann
sich viel leisten
und die dreisten
verkäufer
und ihre ausläufer
kommen nicht an
bei diesem mann

ich bin traurig
und zwar „schaurig"
denn es sind gestorben
meine sorgen

ich habe durst
und will ne wurst
ich geh mir beides holen
ganz verstohlen
dass niemand sieht
was da geschieht

ich bin ne krähe
und back eine „wähe"
um sie zu verteilen
und es eilen
viele vögel hinzu
so auch du

es fressen die ziegen
die toten fliegen
die hängen herum
das ist doch dumm

ich will warten
in meinem garten
auf mein enkelkind
das kommt geschwind
um die ecke
und ich recke
meinen hals
das ist alls

ich komme
mit wonne
an den bazar
doch da war
ein junger student
und der kennt
alle sorten
von guten worten
in unserer stadt
denn er hat
gelesen viel
und sein ziel
ist zu erreichen
die nächsten weichen
von Zug nach Brüssel
denn dort hat er eine schüssel
mit worten voll
und das ist toll

ich komme wieder
denn wir sind brüder
auf leben und tod
und in der not
fressen wir fliegen
die hocken auf ziegen
in unserem stall
ein für allemal

ich will im garten
auf Peter warten
und dann mit ihm
ganz intim
ein essen kochen
aus frischen rochen
und beeren
und verzehren
es gemeinsam
so sind wir nicht einsam

ich bin verliebt
und das geschieht
nicht alle tage
und ich wage
eine prognose
von wo ist die hose
meiner frau?
die weiss genau
von welchem laden
man sowas kann haben

ich bin ne maus
und keine laus
muss mich verkriechen vor katzen
die schmatzen
und mich begehren
um mich zu verzehren
wenn sie können
mit haut und haar
ja das ist wahr

glücklich bist du
drum höre mir zu
fass es ganz fest
das ist kein test
und drück es an dich
aber lass mich
aus der sache raus
sonst geh ich nach haus

ich spinne sehr
und das noch mehr
weil du bist gegangen
und ich bleibe gefangen
in meinen wänden vier
drum trink ich noch ein bier

es kann
ein jeder mann
sprüche klopfen
und dabei hocken
in einem café
im tiefen schnee

Peter will
den grill
anzünden
doch wir finden
das ist noch zu früh
und geben uns müh
zu verbringen die zeit
und wir gehen weit
dem ufer entlang
bis dann
kommt ein boot
das uns aus unserer not
tut befreien
und wir feiern
dann mit dem grill
den ich jetzt auch anzünden will

ich gebe mir mühe
und melke die kühe
auf der ganzen welt
für viel geld

hamsterkäufe
sind die verläufe
von zuviel schnee
und ich seh
noch kein ende
noch keine wende
drum geh ich weiter „posten"
bis mir rosten
die felgen am „velo"
dann nehm ich „halt" s auto

sie tun gut
mit ihrem hut
sich zu schützen
denn sie benützen
den hut als schutz
vor zuviel schmutz

ich hab mächtig hunger
darum lunger
ich umher
bis mir wer
gibt was zu essen
statt dessen
mich zu bedanken
ich in gedanken
schon bin weg
an einem steg
zum see
denn ich hab heimweh
nach meinem haus
und der kleinen maus
die es tut beschützen
sie tut mir nützen
eine menge
in dieser enge
von meinem haus
und die geschichte die ist aus

das wort
das dort
hängt an der wand
ist mir bekannt

der onkel Bill
der will
nicht so recht
und mir ist „schlecht"

ich hör da sachen
die ihr seid am machen
da unten am see
im knietiefen schnee
ich würde mich scheuen
und es würde mich reuen
zu sein am see
im knietiefen schnee

was soll die eile?
ich hab noch ne weile
um zu kochen
die knochen
für meinen hund
na und?

in der pause
gibts ne „sause"
für Bill
und Will
und sie trinken
dabei hinken
zwei „alte knaben"
die betteln um gaben
von Bill
und Will

ich spiele gerne ball
und das fast überall
ich möchte „tschutten"
mit den „blutten"
fraun von nebenan
denn dort bin ich der hahn
im korbe
aber keine sorge
ich bleibe dir treu
das ist nicht neu

ich hänge rum
und das ist dumm
mag nicht mehr warten
in nachbars garten
auf meine frau
und die weiss genau
was sie kann machen
um nicht zu lachen

der schnee wirbelt umher
so dass es sehr
mühsam wird beim gehen
und die zehen
frieren mir ab
das ist nicht „glatt"

es pennen
die hennen
in ihrem stall
ein für allemal

es verwelken
draussen die nelken
während wir horten
ganz viele sorten
vom guten wein
so soll es sein

ich will ein haus
ganz ohne maus
es soll sein
ganz rein
drum lasst mich hier sitzen
und schwitzen
den ganzen tag
solange ich mag

der herr im frack
hat einen „sack"
voller nüsse
und er verteilt küsse
um sich herum
das ist doch dumm

unter der brause
mach ich ne „sause"
ich lade dich ein
wir trinken wein
und essen dazu hummer
dabei vergeht der kummer
der uns plagt
und an uns nagt

ich trinke ein bier
und das mit dir
wir fangen an zu saufen
und dabei zu raufen
die haare
welche sind mangelware
auf unserem kopf
drum nehmen wir den topf
und setzen ihn auf
die haare drauf

ich möchte lachen
und witze machen
und dabei sehen
wie viele ehen
gehen zu grunde
in dieser stunde

ihr könnt kommen
und mit wonnen
baden im see
und ich seh
boote viele
und eine mühle
stehn am rand
im weissen sand

kochen
einen knochen
für Butz den hund
na und?

chruut und rüäbli
das git mä dä büäbli
wo no müänd wachsä
und si drähn sich um di aigni achsä
um z wärdä gross
das isch famos

ich bin nicht tot
ich seh nur rot
ich möchte warten
in meinem garten
auf die sonne
oh welche wonne
ich will dann braten
in kleinen raten
damit ich werde braun
und ein raun
geht durch die menge
die steht in der enge
von meinem haus
und die geschichte die ist aus

am platz
mein schatz
stehn viele leute
von heute
die wollen kaufen
und nicht laufen
viele sachen
was werden sie damit machen?

am platz
mein schatz
stehn die leute
um die beute
und tratschen
mit ausgetrampten „latschen"
über die welt
und geld

das wetter von heute
liebe leute
bleibt schön
und das ist angenehm
wir können draussen spielen
mit unseren gefühlen
und hie und da
gibs na ja
mal einen kuss
ganz ohne verdruss

ein alter mann
geht dann
und wann
mal aus dem haus
da sieht er ne maus
und freundlich fragt er sie
aber wie
kommst du hierher?
ach das ist nicht schwer
ich nehme den lift
denn ich habe gicht

die gilde
führt was im schilde
ich spüre es genau
denn ich bin schlau
wir können nur hoffen
dass wir nicht werden getroffen
von ihrem hohn
denn das kenn ich schon

die affen
sie gaffen
über das gehege
sie sind mir im wege
bei meinem spaziergang
dem see entlang

ich könnte kommen
und mit wonnen
zu nehmen ein bad
denn das tut mir grad
gut
drum bleib ich auf der hut
denn wenn du mich störst
dann hörst
du böse worte
und es kommt zu fliegen eine torte

not
und brot
das sind zwei dinge
die gehören zusammen
wie zwei ringe

affengeil
was die da halten feil
es hat feilen
damit kann ich mich verweilen
einen nachmittag lang
mir wird ganz angst und bang
was ich alles kann machen
mit solchen sachen
die mir fremd nicht sind
da kommt der wind
und verbläst all meine träume
es sind nur noch schäume
von meinem plan
den ich habe vertan

ich wollte bleiben
um zu treiben
der dinge viele
aber meine gefühle
lassen es nicht zu
und du
bist auch nicht besser
und ein schlechter esser
auch noch dazu
das sag ich dir im nu

ich bin
ja nimm
s mir nicht übel
ich brauch nen dübel
für die wand
hast du einen grad zur hand?

ich haue
mit der „klaue"
auf mein opfer ein
das dann geht heim
um sich zu waschen
und holt die „aschen"
aus dem „cheminée"
ach das tut weh

traurig bin ich
es fröstelt mich
mag nichts machen
keine sachen
welche sind ein aufsteller
und es wird heller
am himmel oben
ich möchte dort droben
jetzt sein
das wäre fein

da kommt ein wicht
oh der hat ja gicht!
schleppt sich dahin
weiss nicht wohin
und will kaufen
einen haufen
medikamente
nicht für die ente
nein die soll ihm helfen
dort bei den elfen
zu werden gesund
und das mit gutem grund

ich sehe blut
das ist nicht gut
da krieg ich eine wut
bleib also auf der hut
und komm mir nicht näher
denn ich bin ein „zäher
brocken"
mit blonden locken

ich warte bis du bist daheim
dann werd ich nochmals schauen rein
und mir bauen
mit den „klötzen
und den tötzen"
für die frauen
nen grauen
wurm
der wird im sturm
erobern ihre herzen
und dann können wir wieder scherzen

und ich
gehe kaufen
dazu muss ich laufen
in die stadt
wo es hat
ein geschäft mit ballonen
und die thronen
auf einem seil
ich hol ein beil
und zerhack die schnur
was mach ich da nur?

ich kenne wen
den
du nicht kennst
aber du rennst
an ihm vorbei
doch dir ists einerlei
wer an der strecke steht
und es weht
ein beissender wind
der jedes kind
nach hause jagt
darum fragt
man sich wieder
was ist danieder
für ein ding?
drum bring
mir eine artischocke
und ich hocke
mich hin
macht das einen sinn?

ich gewinne
im wahrsten sinne
des wortes
und dort es
soll bleiben
und treiben
sein unwesen
ich bins nicht gewesen
glaube mir
ich vertraue dir

wäsche zu klauen
ist bei manchen frauen
ein hit
doch shit
was ist mit den sachen
die sie dann machen
wenn sie sie haben?
das sind für sie wie gaben
die ihnen jetzt gehören
drum mag ich nicht mehr hören
dass die wäsche mein
mir ist zu klein

ich kriege
ne fliege
ne ganz neue
s ist ganz ne treue
und ne scheue
sie hilft mir
zu kochen dir
ein mittagessen
das wir dann essen
zusammen auf
jetzt hau ich eine drauf
auf die fliege
und ich liege
flach auf der treppe
und ich wette
die fliege ist tot
drum sehe ich rot

und wir versorgen
lieber heute als morgen
die tollen sachen
welche machen
soviel spass
und ich hass
so viele leute
wies hat heute
die uns schauen zu
beim bau eines iglu
dann kann ich mich verstecken
und lass mich erst wecken
morgen früh
„am drüü"

ich kenne wen
wenn du den
kannst sehen
dann wehen
raue winde
über das gelände
wo wir sind
darum find
ich den ort zum kotzen
da kannst du motzen
soviel du willst
darum fällst
du deine entscheide
während ich weide
mit den tieren
so muss ich mich nicht blamieren

ich bin ein idiot
in grosser not
hab ich weggegeben
eben
meinen hund
na und?

ich bleib nur eine weile
auf dieser meile
der autobahn
denn ich hab grössenwahn

Bettina
ist prima
eine freundin zum lachen
und spässe machen
doch sie ist krank
und bei mir leer der tank
ich muss ihn füllen
und dabei enthüllen
der geheimnisse viele
doch ich habe gefühle
und ich bin traurig
das macht mich „schaurig"
betrübt
ich bin nicht so geübt
in solchen dingen
drum könnt ich zerspringen
vor lauter wut
doch das ist nicht gut

eines tags
wenn du magst
gehn wir kaufen ein
dann sind die sachen mein
ich kaufe brot
dann hab ich in der not
was zu beissen
und die weissen
möwen vom see
zu denen geh
ich dann auch
und bring ihnen lauch
mit zum fressen
die können nicht essen
sie machen lärm
und ich wärm
mir meine füsse
und sende grüsse
an alle die ich kenne
doch ich nenne
keine namen
so das wars amen

ich will besorgen
einen ball für morgen
damit können wir spielen
und uns fühlen
wie kinder klein
ach das ist gemein
dass wir nicht mehr jung sind
und haben schon selbst ein kind

ich kann reimen
man könnte meinen
ich wär ein dichter
da kommt ein wichtger
mann daher
doch was sucht er
hier an diesem ort?
denn der ist so weit fort
von der zivilisation
doch ein bataillon
von soldaten
tut warten
auf seinen einsatz
ja so ists mein schatz

bin besessen
und hab ganz vergessen
dir zu telefonieren
jetzt verlieren
du und ich
so verdriesslich
einen freund einen guten
und der tut „tuten"
mit einem horn
das ist mir ein dorn
in meinem auge
und ich glaube
ich muss mit ihm darüber reden
wegen
dem lärm
dens gibt nah und fern

ich will besiegen
und nicht betrügen
den champion Willy
der mal hiess Billy
jetzt ist er am fighten
und am streiten
bis zum bittren ende
und ich gehe rauf die wände
weil es ist klar
und so wahr
wer wird gewinnen
und es beginnen
neue kämpfe
da kriegt Willy krämpfe
und muss hören auf
da hau ich eine drauf
„auf die birne die hohle"
sehr zum wohle
von den gästen
denn die sind am festen
im zelt
welches reist dann um die welt

der flieder
blüht endlich wieder
in unsrem garten
ich hab lange müssen darauf warten

dich zu schonen
täte sich lohnen
ich nehm dich am arm
und der ist warm

ich schenk dir einen ballon
doch der fliegt davon
du bist traurig
das macht mich „schaurig"
unglücklich

ich hab zuviele
der gefühle
man könnte meinen
ich tu nur weinen
doch dem ist nicht so
drum bin ich froh
wenn ich kann lachen
und spässe machen
und andere dinge
und ich singe
so vor mich hin
doch das macht alles keinen sinn

ich kann nicht verstehen
dass du musst gehen
s war doch so schön
bei diesem föhn
draussen zu sitzen
und zu schwitzen
und schaun den blitzen
zu
welche im nu
sausen auf die erde nieder
und kommen nie mehr wieder

ich tauche ein
in eine welt
die stinkt nur so
vor lauter geld
drum lass ich davon die finger
und das ist gut so
ich geh einen weg der ist geringer
ich geh ihn ohne hast
diesen weg der zu mir passt

oh scheisse
mit ist „schlecht"
doch das geschieht mir recht
hab gestern zu jedem preise
noch essen müssen
ein paar von den nüssen

schreibhefte zu haben
das sind kleine gaben
von Max dem raufer
und die kauft er
am kiosk
in nordost-
falen
dann kann ich malen
„Encaustic"-bilder
und noch wilder
geht es zu und her
und wer
räumt auf?

ich sehe mücken
beim pflücken
von beeren
die sie verzehren
ganz schnelle
da kommt eine welle
und spült die mücken
welch ein entzücken
fort ins meer
das mag ich sehr
jetzt stechen mich keine mücken
mehr am rücken

wenn wir herunterfahren
lernen wir die wahren
freunde kennen
doch wir nennen
nicht ihre namen
denn die bleiben vor damen
geheim
s wär sonst gemein

ich könnte winken
dem kleinen finken
gib ihm zu trinken
und lass mich nicht linken
gib ihm wasser
so dass er
den durst kann stillen
ganz nach meinem willen

ich könnte meinen
dass du tust weinen
um deinen hund
doch der ist ja gesund
und tollt herum
doch „dir ist nicht drum"
zu spielen mit dem hund
na und?

du lässt mich finden
die rinden
der birke
und ich merke
dass es ist nicht leicht
im seicht-
en gras zu gehen
drum bleib ich lieber stehen

die doofen
„goofen"
aus Hofen
kann ich nicht riechen
doch sie kriechen
um mich herum
das ist so dumm

ich schreibe gedichte
über die wichte
die erzählen mir
was sie machen hier
auf der welt
so ohne geld

gestern
beim western
hab ich gehört
wer so stört
es sind die passagiere vom schiff
welches gelaufen ist auf ein riff
und sie versorgen
ihre wunden bis morgen

ich krieche
und sieche
nur herum
das ist so dumm
hab eine grippe
und meine lippe
ist ganz geschwollen
vom „tollen"
medikament
doch für den moment
helfen
mir die elfen
zu werden gesund
das ist der grund
warum sie sind gekommen
so halb benommen

ich könnte machen
verschiedene sachen
eine reise mit dem schiff
da pfiff
der matrose
und ich kack mir in die hose

ich kanns nicht lassen
ich muss fassen
den ball
für den fall
dass er tut aufspringen
darum singen
wir ein lied
und feiern den sieg

der herr im frack
der will hack-
fleisch kaufen
um sich dann zu raufen
mit einem herrn
aus Bern

ich lese die zeitung
mit ganz viel schwung
bin nicht müde
auch nicht prüde
und kann lesen die seiten
mit den „blutten maiten"
worauf
ich meine
das ganz kleine
wesen von der Venus
kann mir ganz ohne verdruss
aufräumen
um nichts zu versäumen

wir können gehen gemeinsam
dann sind wir nicht einsam

es klingen im walde
an der Dorfhalde
die lauten trommeln
und wir sammeln
zusammen geld
das sich nicht lange hält
in unseren händen
denn wir müssen die wänden
streichen
denns tut immer daran „saichen"
ein hund
mit schneeweissem mund

ich mache dies
im paradies
von St. Tropez
und dabei geh
ich schwimmen
und schau den dummen
menschen zu
die eilen im nu
von einer boutique zur andern
die würden lieber gehen wandern

vom walde erklingen
ja ich muss bringen
den hirschen stroh
und die sind froh
dass sie nicht frieren müssen
und können küssen
ihr liebstes tier
doch das bleibt bei mir

auf dem schiff
hör ich nen pfiff
schau mich um
doch das war dumm
seh einen älteren
und wahrscheinlich kälteren
mann gehn über bord
ich stehe vor ort
wie eine säule
und ich heule
nach dem mann
den man nicht mehr retten kann

ich könnte gehen
dabei wehen
die winde scharf
doch ich darf
noch nicht nach hause
drum mach ich eine pause
und esse ein brötchen
da komm ich „in ein nötchen"
muss schnell auf die toilette
doch ich wette
s hat keine weit und breit
drum gibt es „halt" streit

du bist krank
und ich fülle den tank
mit benzin
da fliesst es hin
hinein ins rohr
und nicht ins ohr

habe geschrieben
ich könnte fliegen
von einem stern zum andern
und dabei wandern
zwischen den felsbrocken
ja das würde mich locken

es gibt tage
da stell ich mir die frage
ob ich kann malen
lauter zahlen
in meinen kalender
nachdem der
ist gefüllt
und er verhüllt
meine gefühle
die sonst hängen in der diele
an der decke
gleich neben der schnecke

ich komm nach hause
und stell mich unter die brause
ein lied sing ich dazu
da kommt im nu
der hund gelaufen
und will saufen
von meinem wasser
so dass er
hat keinen durst mehr
das freut mich sehr

es biegen sich die balken
weil wir gehn walken
entlang dem see
doch mit tun weh
meine füsse
und ich send grüsse
nach haus zu meinen lieben
doch die sind so durchtrieben
dass sie nicht mal sehen
was ist geschehen
beim walken mit mir
drum schreibe ichs dir

der „Faber Castell"
geht nur schnell
in seinen laden
drunten am graben
um zu setzen
fest die preise
und es hetzen
im kreise
die hunde
ihre runde
zu nächtlicher stunde

ich will „abmachen"
nur solche sachen
die ich kann halten ein
denn mein
verstand sagt es so
und ich bin darüber froh

ich möchte weinen
man könnte meinen
es tut mir was weh
ach ojeh
mich schmerzen die knie
hab gedacht nie
dass das tut so weh
dort unten am see

ich heule
mit der eule
(s ist ganz ne nette)
um die wette
habe kinder vier
doch die bleiben hier
bei mir
gehn nie nach draussen
man meint von aussen
hätt keine kinder
denn auch im winter
da spielen
sie mit den vielen
sachen die sie besitzen
und sie schwitzen
zu hause
sie kriegen ne „brause"
ein jedes für sich
und ich eine für mich

überall hats hundehaar
und das ist wahr

ich will warten
drunten im garten
auf Bill
denn der will
fussball spielen
zwischen den vielen
bäumen
und zäunen

ich will lachen
und sachen machen
die nicht jeder kann
und ich denke wann
ist es soweit
wann bin ich bereit?

ich male
mit ner eierschale
ein bild
ganz wild
wills verkaufen
um dann zu versaufen
das geld
denn ich bin kein held

s gibt tee
im schnee
und dazu kuchen
den musst du versuchen
auf der „alp"
und mir wird kalt

bei den eunuchen
backe ich kuchen
jeder kriegt ein stück
was für ein glück

es gibt dinge die nicht jeder will
sagt der Bill
zum beispiel malen
auf eierschalen
und winken
den finken
oder schmeicheln
und streicheln
den hund von nebenan
der dann
und wann
kommt vorbei
doch das ist mir einerlei

es ist so traurig
unds tönt so schaurig
vom fluss bis zu mir
darum rate ich dir
zu besuchen
mit einem kuchen
denn es tut mir leid
ich hab keine zeit
die elfen und wichte
und meine nichte
denn sie schreiben gedichte
dass auch die eulen
müssen „heulen"

ich möchte dir kaufen
einen haufen
schöner geschenke
und ich denke
dass du freude dran hast
und mich lässt
in ruhe
damit ich meine kühe
melken kann
also bis dann

diese gestalt
die ist halt
fremd hier
drum helfe ich ihr
zu gewöhnen sich
an mich

ein alter
falter
kommt geflogen
er wurde betrogen
von einem pärchen
s klingt wie im märchen

er wurde betrogen
s ist nicht gelogen
von einem feind
und der meint
s ist gar nicht so schlimm
das ding

die eule
hat eine beule
am kopf
der arme tropf

die blumen im garten
die müssen warten
bis ich habe zeit
denn ich will keinen streit

ich brauche bananen
dann kann ich im namen
derer
meiner
verschwörer
doch wir vertuschen dies
au das ist fies

minus drei grad
das ist schad
ich muss kaufen
tickets
und dazu „briketts"
denn es ist kalt
in unsrer wohnung „halt"

mit den nachbarn den feinen
die da meinen
zu sein der boss
doch die welt ist gross
drum ich altes koloss
bin immer noch der boss

es gibt kinder
die wohnen beim Linder
der macht ihnen mut
und das tut gut

mir ist ganz „schlecht"
drum hol ich mir erst recht
aus der stadt
das wird noch „glatt"
ein medikament zum genesen
so das wärs gewesen

der Inder
kauft nen „pfünder"
beim bäcker Kalt
der ist schon alt

ich glaube was ich sage
drum frage
ich nicht warum
du bist so dumm

welche art von medikamenten
hast du deinen klienten
abgegeben?
das ist es eben
die waren zu alt
jetzt musst du „halt"
ihnen neue verschreiben
und die alten „vertreiben"

eine stunde geb ich dir
um bei mir
zu warten
in meinem garten
bis kommt der bus
doch dann ist schluss

die strahlen
von der sonne
malen
oh wonne
ein bild
ganz wild

ich „heule"
mit der eule
einen kanon
ach komm schon
und ne ganze kette
heult mit uns um die wette
und stimmt mit ein
s ist schon fast wie ein verein

ein pilz
schiesst aus dem filz
will sein wie die andern
und gehen wandern

meiner mutter
geb ich die butter
doch die ist ganz weich
„so än saich"

ich tu kotzen
und geh motzen
über das essen
das ist mehr ein fressen
für die schweine
das ists was ich meine

meiner mutter
begegnet ein „blutter"
eingeborener
und der
ist so faul
drum hock ich aufs maul

ich tu ihn unterstützen
dass er darf benützen
mein bad
doch das ist schad

ganz ohne plan
treff ich nen schwan
der brütet eier
die der Meier
nicht darf haben
sonst landet er im graben

ich sing
so vor mich hin
und mach ne wette
ne ganz nette
um ein klo
und das steht wo?

da kommt ein koloss
von einem ross
auf mich zu
und da sagt du
ich hab vergessen
meinen weg zum stall
komm hilf mir mal

beim gedichte schreiben
bleiben
die scheiben
trocken
und ich lauf in den socken
im haus herum
das ist dumm

zu einem kaffee
oder tee
und einem „gipfeli" vom feinsten
auch für die kleinsten
gibts was zu beissen
damit sie nicht schmeissen
im laden umher
eine büchse voll teer

es treffen
meine neffen
und nichten bei mir ein
wir trinken wein
und ich mein
die stimmung ist fein

dann sing ich mal
fast allein im stall
für das kälbchen
und das schwälbchen
das da ist am nisten
in einer der kisten

ich hab rechnen müssen
mit vielen küssen
zu meinem geburtstag
den ich gar nicht mag

der ball liegt bei dir
komm spiel ihn mir
zu
und du
kannst warten
in meinem garten

in der apotheke
grad um die ecke
gibts honig ganz süssen
und es lassen grüssen
die bienen vom Hans
der hat auch ne gans

es macht spass
so im nass
zu gehen
und dabei verstehen
wir uns ganz gut
und das auch ohne hut

du bist so mächtig
und ich bin prächtig
stolz auf dich
das hast du ohne mich geschafft
aus eigener kraft

für diese pfote
gibts ne note
eine recht gute
denn das „blute"
ist ganz rein
und das ist fein

ich gehe klauen
um zu bauen
ein haus für dich
drum lass mich nicht im stich

ich gehe wandern
mit andern
gleichgesinnten
und wir sprinten
um die wette
ach hätte
ich nicht so viel gegessen
denn den sieg den kann ich so vergessen

der Cherokeese
hat ne „friise"
ganz dumm
weisst du warum?

ach hätt ich doch besessen
und nicht vergessen
zu kaufen ein auto mir
dann könnt ich jetzt mit dir
machen eine ausfahrt
an auffahrt

einen traum von gefühlen
erzielen
wir beide
wenn ich vermeide
erneut zu rauchen
denn dann brauchen
wir weniger geld
und das ist es was doch zählt

einen menschen zu lieben
macht zufrieden
und glücklich auch
drum hau ich eine drauf
auf
unser glück
welches wir haben am stück

kartoffeln wie diese
kommen unters gemüse
ich hau sie in die pfanne
neben der tanne
wo wohnt der wichtel
mit seiner „fuchtel"
und er ruft laut
das ist meine braut!

ich gehe suchen
und backe kuchen
für dich allein
ah das wird fein

die Desirée
die gibt „mee"
franken
aus zum tanken
das freut mich sehr
dass ich dann kann mehr
fahren um die ohren
den toren

die knochen
von den rochen
sind rund
und ungesund

die miene
der biene
ist sauer
denn sie ist in ne mauer
geknallt
das tut „halt" weh
ojeh

bleib nicht zum essen
hab dich vergessen
hab noch was vor
ich blöder tor

ich mache mir sorgen
wegen morgen
dann gibts kaffee
oder tee
für meine gäste
mit reiner weste

ich kann brauchen
von den schläuchen
nur ein stück
zum glück

wir winken
und trinken
einen schnaps
aufs wohl von „paps"

„moccacino"
und vino
vertragen sich nicht
das gibt gicht

Brigitte
die fitte
sitzt in der mitte
als dritte
in der reihe
auf der stange
und sie sitzen wange an wange
und niemandem wird bange

herr Kammer-Spohn
sitzt auf dem thron
ganz ohne lohn
wo gibts das schon?

„ich ha di gärn"
„du bisch min schtärn"
ich möchte dich küssen
und lasse grüssen
deine geschwister
und ganz speziell deine sister

wir drehen
mit den zehen
eine zigarette
ganz ne nette
ich will sie rauchen
doch es brauchen
sie die soldaten
jetzt muss ich „halt" warten

ich weiss nicht mal
in welchem spital
du liegst benommen
und es kommen
der leute viele
die haben alle gefühle
und tun mit dir beten
und treten
dich in den „arsch"
also bläst du ihnen den marsch

ich steh zu hause
unter der brause
um nichts zu denken
dabei lenken
sich meine gedanken
um die „franken"
die ich habe verloren
drum fühl ich mich wie neugeboren

ich tu wetten
dass sie „betten"
uns in die mitte
der kleinen hütte

ich wette
die nette
„biene" von nebenan
ist ein mann

ich esse spinat
und salat
das tut mir gut
denn ich bleib auf der hut
dass ich nicht mehr nehme
denn dann krieg ich probleme
denn ich leg im nu
an gewicht zu

ich will witzeln
und es kitzeln
mich meine kinder
mit offenen münder

der hund
ist rund
das tu ich kund
na und?

ein stern
von fern
kommt geflogen
ich bin schon angezogen
um zu begrüssen
die süssen
menschen von dort
vom fremden ort

ich kanns kaum fassen
dass die männer sind am „jassen"
in der „beiz"
und jetzt schneits
vom himmel oben
ich kann nur loben
frau Holle
die „olle"

ich stehe auf
bin gut drauf
ich könnte machen
ganz tolle sachen
wie sitzen auf nem pferde
das gehört zu einer herde
die grast beim Red River
und das für ever

ich rauche vor mich hin
das istn ding
ich kanns nicht lassen
muss dabei fassen
mich am ohr
ich tor

ich mach mit dir ne wette
ich hab ne kette
ganz ne fette
um zu treten Klaus
denn der sieht gut aus

ich sitze im café
mit einer tasse tee
und die männer die vielen
sind am karten spielen

der Red River Blue
der hat „zu"
sein geschäft
weils läuft so schlecht

ich wette
Annette
die fette
sie hätte
zeit
und wäre bereit
gehen mit mir
zu dir

ich bin am warten
jedoch ohne karten
auf den sänger
doktor Kai Gänger

übers wetter
gibts nur gezeter
ist es mal schön
dann drückt der föhn
und viele haben schmerzen im kopf
„gopf"

ich will eine meise
über die geleise
begleiten
und es leiten
mich die föhren
die gar nicht stören

es können warten
in unserem garten
die vielen gäste
die ich habe fürs feste
eingeladen
sie trinken schon wein
das sollte nicht sein
und gehen baden
doch nur mit den waden
dann sind sie betrunken
und dabei stinken
sie aus dem maul
so wie ein gaul

ich will eine kuh
welche macht muh
holen aus der herde
die sitzt in tiefer erde
am nahen fluss
ist das ein genuss

fahren mit medikamenten
das machen studenten
dann sind sie high
und dabei frei
im kopf
„gopf"

ich gehe
o wehe
aus dem haus
mit der maus
um sie zu trösten
und dabei rösten
wir äpfel feine
aber nur ganz kleine

„s bschüüsst ja so nüüt"
„so bi dä lüüt"
zu feiern
mit frischen eiern
die gehn verloren
bei den toren
am anderen ende
vom gelände

ich will dich betören
unter den föhren
im nahen wald
und zwar bald

auf leiser sohle
unter lautem gejohle
kommen die ersten
das sind die schwersten
von den gästen
die zu mästen
ich habe
am heutigen tage

ich denke
an die geschenke
die ich werd kriegen
ganz ohne zu lügen

die männer die „tollen"
sind
am rollen
einen braten
und dazu waten
sie im dreck
nur für ein stück speck

ich schick dich
in die wüste
und weiter zur küste
wo du nimmst das schiff
aber das läuft auf ein riff

mir flattern die rechnungen ins haus
oh welch ein garaus
kann sie kaum bezahlen
warte auf die wahlen
die kommen sollen
dann hab ich vielleicht nichts mehr zu grollen

die eulen
sie heulen
ganz nett
um die wett

ich komme wieder
denn wir sind brüder
auf leben und tod
drum trotz grosser not
krieg ich brot
und zum tanken
fünf franken
und einen schein
nur für mich allein

die türen
sind mit lauter schnüren
verschlossen
doch so wird unverdrossen
mein frust nicht besser
und ich hab gute esser
am tisch
denns gibt fisch

ich bin froh
drum mach weiter so
bei deiner arbeit
denn ich kann die wahrheit
nicht vertragen
doch du sollst nicht verzagen

ja das geht dann noch
denn der koch
macht eine suppe
für die „puppe"
von nebenan
und dann
tut sie sie mit mir teilen
und wir verweilen
so den ganzen tag
bis ich nicht mehr mag

halb elf
im do it yourself
da kommen
die nonnen
auf ihren rollern
und kollern
die treppe runter
das hält sie munter

rund?
na und?
bin ich geworden
ich hab damit keine sorgen

das hält mich munter und fit
oh shit
hab noch termine
mit der „biene"
von nebenan
die mir mal kann
zeigen
einen reigen

die sorgen
können nicht warten bis morgen
bin alleine
hab keine
person zum reden
drum brauch ich eben
einen mann
der sowas kann

hier noch die fakten
für deine akten
ich war schon hier
der male vier
und liess mich betreuen
um mich wieder neu zu freuen
auf die welt
auch wenn ich hab kein geld
der man sieht von aussen
auch wenn ich steh draussen
nichts an
dass sie so bös sein kann

es krachen die balken
und wir walken
ganz munter drauflos
das ist famos

ich hau aufs maul
dem dummen gaul
wirft mich ab
und ich kapp
einen draht
gibt das nen salat

die sonatina
von Martina
in g-dur
ist nur
für versierte
musik interessierte

haste
ne quaste
um zu finden
und dann zu binden
den vorhang?
das geht nicht lang

da eck ich an
und dann
eskaliert das ganze
derweil ich geh auf die schanze
und tanze runter
ganz munter

mein gewicht
das ist schlicht
zu hoch
noch

die beeren
sie wehren
sich enorm
um zu bleiben in form

der teller
im keller
bleibt leer
das kommt daher
weil jeder hat angst
dass kommt ein gespenst
zum teller
im keller

dieser kochspeck
ist nen „dreck" wert
hat lauter fett
das ist nicht nett
und knochen
die beim kochen
nicht werden gar
und das ist wahr

diese säge
ist ne träge
sägt kein holz
vor lauter stolz

ein echter
wächter
passt gut auf
dass im verlauf
der nacht
niemand macht
einen versuch
wie er steht im buch
um zu brechen ein
das wär gemein

ich hab ne meise gemietet
doch die verbietet
mir
zu schauen fern
ich sag es dir
das hab ich nicht gern
sie kanns lassen sein
doch sie ist ja kein schwein

ich bin hier
doch glaube mir
nicht gerne
seh schon in der ferne
ein automobil
das kommt schnell viel
näher
s hat nen späher
auf seiner haube
ich glaubs ist ne taube

das tut belasten
mich beim drücken der tasten
ich sollte fasten
und aufhören
zu stören
meinen nachbarn den nächsten
denn beim texten
mach ich lärm
das hat er nicht gern

du hast eben
neben
den ring gepinkelt
weil es ist so verwinkelt
im klo
ach so

bin besessen
weil ich tu vergessen
alles
ja ich „schnall es"

die türen
sie führen
in den keller
zum leeren teller

mein automobil
das hat ein ziel
zu fahren schnell
gell?

bin in einem hoch
doch das geht noch
kann nicht mehr schlafen
wie die braven
bürger auch

ich frag euch an
ob jemand kann
mir bringen meine tasse
denn ich hasse
wenn ich sie nicht habe
und ich frage
mich warum
bin ich so dumm?

es stinken
beim winken
die füsse deine
ach hast du keine
socken?
du weisst was ich meine?
nein sagst du trocken

bin wie ein tier
das da ist vor mir
ist am weiden
doch das will ich vermeiden
muss werden los
diese macke
und geb mir nen stoss
und flieg genau in die kacke

ich spasse
mit meiner tasse
rum
und das ist dumm

das ist dumm von mir
bin wie ein tier
am scharren
um auszuharren
bis um drei
denn dann kommen zwei
liebe gestalten
welche gehörn schon zu den alten

ich bin hier
und mache dir
ein angebot
in meiner not
kannst du mir leihen
eines von dreien
deiner autos?
denn ich muss los
hab noch einen termin
in Berlin

deine worte
die sind am richtigen orte
in meinen ohren
die können dort noch schmoren
lang
also bis dann

Alfred hat
und das tat
ihm sicher weh
am zeh
eine verletzung
und jetzt kommt die zersetzung
vom blut
und das tut gut

ich geh nach draussen
will aussen
streichen
die weichen
vom „tram"
und irgendwann
kommt wer daher
und fragt mich sehr
böse
warum ich nicht löse
ein paar fahrkarten
um dann zu warten
auf den nächsten „zug"
das tut mir nicht gut

ich fahre irgendwann
mit dem „tram"
rund um die stadt
wo es hat
verlockungen viele
und auch spiele
die kaufe ich mir
und bring sie zu dir

Urs
hat kurs
in einer schule
wo zum wohle
der studenten
die enten
dürfen hausen
und machen pausen
vor dem verkehr
denn der wird ständig mehr

ein alter mann
der nicht mehr kann
pinkeln
in allen winkeln
der stadt
der hat
ein grosses problem
und kein ödem

Corsin
der hat nen spleen
will bauen
auf den auen
der feen
in ihren seen
um dann zu gehen
noch schneller in die stadt
doch es hat einen haken
denn die staken
halten nicht fest
und das geschieht ihm recht

bei den alten
sind wir gehalten
immerzu
so auch du

hab gefunden
einen runden
ball
fürs all

wassertropfen
unerschrocken
bilden sich ein
sie könnten sein
auch alleine
auf der langen leine

der Franz
geht zum tanz
doch er muss noch holen
kohlen
bei seiner frau
und die „kommt grad au"

die grossen
hosen
sind für die famosen
menschen gedacht
die zum „znacht"
noch essen kuchen
ich würds verfluchen

es fluchen
die kuchen
ich soll sie retten
vor den fetten
fraun im café
denn die wolln „no mee"

ein esel kommt gelaufen
und der will saufen
wasser vom hahn
ob er das wohl kann?

es stinken
die sinken-
den boote
die braven
im hafen

die braven
leute schlafen
nachts um vier
doch du trinkst bier

die tante
die kannte
die verwandtschaft die ganze
und sie lädt ein zum tanze
im hotel Zum Raben
denn dann können die „alten knaben"
auch kommen
wenn auch noch benommen

welcher mann
kann
mir mal nennen
ohne einzupennen
sieben zahlen?
die will ich dann malen

das kind
geht geschwind
zur bäckerei
und kauft ein ei
das bringt es der mutter
die nimmt noch butter
und bäckt einen kuchen
ohne zu fluchen
ist der gut
und sie tut
darin kein mehl
das ist da am platz fehl

tag aus tag ein
bei einem gläschen wein
könnte ich singen
und dir dabei bringen
näher den tango
drum „gang go"
tanzen
und dabei „schwanzen"
von tisch zu tisch
wos gibt fisch

die „mose"
in der hose
bring ich nicht raus
es sieht so aus
dass ich benutze
zum schutze
kein scharfes mittel
doch ich darf nicht nennen den titel

der mut hat mich verlassen
und ich hab nicht mehr alle tassen
im schrank
doch Gott sei dank
hab ich noch welche im keller
die hole ich schneller
herauf
und darauf
trink ich einen schnaps
lieber „paps"

das ist nicht immer gesund
was da frisst ein jeder hund
sie kriegen mal n knochen
ohne ihn zu kochen
und flocken
da hauts dich aus den socken
die so fest stinken
darum muss trinken
jeder hund
viel
das ist gesund
und kein spiel

ich fahre ski
wie noch nie
„sause" den hang runter
und bin ganz munter
und „gut drauf"
drum fahr ich nochmals rauf

ich tanke „super"
dann tut der
motor
nicht so stocken
wovor
ich immer bin erschrocken

habs eilig
mir ist nie langweilig
muss gehen in den zoo
und dann aufs klo

es heulen die wölfe
um zwölfe
sie haben verraten
dass es gibt nen braten
bei ihnen im wald
drum geh ich auch bald

ich scheisse
mit der meise
um die wette
das löst ne kette
von reaktionen aus
„kommst du draus"?

ich stopf mir eine pfeife
und die reife
brünette
die hätte
interesse an mir
doch glaube mir
auch wenns klingt toll
ich hab die nase voll

blosse
sojasauce
kann ich nicht essen
die ist zum mästen
der schweine gut genug
und das ist klug

eins zwei drei
das ist mir einerlei
was du denkst
und dabei lenkst
du meine gedanken
wieder in schranken
das ist zwar dumm
doch ich komm nicht drum herum

er hat ein bild von ihr in der tasche
das ist keine masche
das ist liebe
zwischen zwei menschen
doch sie schleichen wie diebe
herum
so dumm

jemand will laufen
einen haufen
kilometer
s ist der Peter
und die dreht er
um den turm
und es begleitet ihn ein wurm
sie freunden sich an
und dann
haben sie sich viel zu erzählen
und sie gehn sogar wählen
das parlament
das schon jeder kennt

es gibt einen brauch
und der gelingt dir auch
zu backen brötchen
und in jedem steckt ein „nötchen"
für kinder arme
die nicht mal ne warme
jacke haben
drum graben
wir weit in unsren taschen
ob wir nicht noch erhaschen
einen groschen
für die „goschen"

s hat draussen ein „füür"
vor der tür
löschen muss ich das
doch dann werd ich nass

ich find
der wind
ist noch ein kind
spielt mit blüten
und gern mit hüten
wirbelt sie herum
bei einem kleinen sturm
bei einem orkan
muss ich dann
halten fest
mein nest

ich spüre mich wieder
sagt der flieder
hatte keine gefühle mehr
das hat mich so sehr
traurig gemacht
dabei sind gekracht
mir einige äste vom baum
s war wie ein böser traum

ich winke mit der hand
ist da jemand?
ich gehe schauen
und ertappe beim klauen
die gangster unsrer stadt
ein jeder hat
schon geklaut einen salat
ich quetsche sie aus
und sie rücken raus
mit der beute
von heute

der Linder
der ist ein ganz „geschwinder"
holt sich den hut
aus der glut
bevor er anfängt zu brennen
und drum rennen
viele leute umher
drum ist es schwer
sich zu konzentrieren
auf die nieren
von Peter
denn dort steht er

die pfauen
sind am auftauen
waren gefroren
hab sie vorher geschoren
um zu werden ein gericht
welches ist ein gedicht

mir läutet
am morgen früh
der wecker nie
und das bedeutet
dass ich kann schlafen
und die braven
schäfchen zählen
und die wählen
einen boss
und der ist gross

ich mag
an diesem tag
nicht mehr kaufen
einen haufen
vom gerstensaft
denn der schafft
beim saufen
nur einen haufen
probleme
und die nehme
ich ernst

im hof
der „goof"
ist am reklamieren
doch dann marschieren
soldaten ein
das ist nicht fein
und diese veranstalten
denn sie werden nicht aufgehalten
ein fest
nur so zum test

der wind
geschwind
bläst um die ecke
dass jeder schnecke
ihr haus gefriert
und sie vibriert
wann ist das endlich vorbei?
doch das ist dem wind einerlei

ich kriege ne krise
diese bise
pfeift so stark
sie geht durch mark
und bein
drum geh ich wieder heim

ich zittre am ganzen leibe
darum bleibe
ich lieber zu haus
und gehe nicht aus
geh nicht in die bittere kälte von draussen
die aussen
herrscht
und ganz zerknirscht
leg ich mich wieder ins bett
dort ists auch ganz nett

Ingo
hat im bingo
gewonnen
doch wie gewonnen
so zerronnen
das geld
in seiner welt

das wetter
wird better
auch im „zug"
und jeden flug
kannst du wieder buchen
und musst nicht mehr fluchen

mein auto hat drei plätze
für mich und meine schätze
wir fahren aus
weg von zu haus
auf einen hügel
dort hockt ein dübel
und fragt was wir da machen
zu fahrn mit „solch hohen sachen"
ich lache ihn aus
und fahre wieder nach haus

eine manie
vergess ich nie
kann 1000 sachen machen
und dabei „bachen"
eine „wähe"
für die krähe

es thronen
die bohnen
noch in der schüssel
doch halt deinen „rüssel"
nicht rein
sonst bist du ein schwein

frau Huber
hat nen „zuber"
voll wäsche schmutzig
das sieht aus recht putzig
dann macht sie die waschmaschine voll
und das finde ich toll

in einem tief
einen brief
zu schreiben
musst du vermeiden
denn dann kommt nur scheiss raus
drum pfeif drauf
und hock dich wieder ins bett
dort ist es wenigstens nett

der herr in blau
hält ausschau
nach seiner frau
denn die ist verschwunden
und das schon seit stunden

ich friere im haus
da kommt die maus
und sagt es ist kalt
ja wir beide werden alt
und ziehn an warme socken
und hocken
uns vors „cheminée"
und trinken eine tasse tee

ich sehe ein
es war gemein
anstatt zu fragen
war ich am zagen
wo dein freund ist
denn du bist
leider wieder solo
aber trotzdem gehst du spielen polo

die kuh
ist im nu
in meinem garten
dort will sie warten
auf den melker
und schon kommt er

der Peter
da steht er
auf Maria
doch die sagt nicht ja
das ist gemein
drum lass ihn sein
den Peter
der bei jedem wetter
nach draussen geht
und die welt nicht mehr versteht

ich hab zoff
ich war zu schroff
zu meinem kinde
das jetzt beim kalten winde
ist nach draussen gegangen
um kröten zu fangen

meine schwestern
sind noch von gestern
tragen alte schuhe
aus der truhe
meinen s wär modern
doch diese zeiten liegen fern

der Max
der hats
eine idee
für die armee
damit sie können laufen
und zugleich kaufen
eine tasse tee
unten beim see

der herr Müller
macht nen „trüller"
im schnee
ojeh
jetzt ist sein auto kaputt
und das ist nicht gut
das ist sogar schlecht
aber es geschieht ihm recht

ich fahre eine runde
zu vorgerückter stunde
mit dem „velo"
um den zoo

ich „lass där"
kaltes wasser
aus dem hahn
für deinen zahn
der dich tut schmerzen
und ich fühl mit dir von herzen
den schmerz
das ist kein scherz

Peter
zetert
übers wetter
dabei hat er
sich nicht zu beklagen
das könnten sich aber die schaben
die bei ihm wohnen
und sich schonen

ich wette
die kette
ist unecht
da kommt ein specht
und schaut sich an das ding
und meint das wär ein fiesling
der die ihm verkauft hat
drum wird er heute nicht mehr satt

im zoo
aber wo?
sind die flamingo
und spielen bingo

in Berlin
fährt „Rin Tin Tin"
mit der u-bahn
und kriegt dabei grössenwahn
muss wieder aufhören
doch die „gören"
auf dem platz
veranstalten ne hatz

Lorenz
geht nach Florenz
um zu schaun den schiefen turm von Pisa
und das ohne visa

die hexen aus Mainz
die hat der Heinz
zum fasching bestellt
doch dann gesellt
sich noch dazu ne ganze gruppe
mit einer süssen „puppe"
um uns herum
ist das nicht dumm?

will bei dir sein
und ganz allein
dich küssen
doch dabei müssen
wir artig sein
denns wär gemein
wenns gibt bald schon
einen Riederer sohn

der wecker schrillt
und es grollt
über uns
ein schweres gewitter
das zieht bis nach Flums
und ich zitter-
e
wie espenlaub
und wünschte ich wär taub

es heulen
die keulen
die machen beulen
am kopf
„gopf"

der Franz
mit seinem neuen tanz
macht die weiber verrückt
denn diese sind ganz entzückt
und alle wollen machen einen tanz
mit Franz

die nette
brünette
kadette
schliesst ab ne wette
und kauft mir
ein bier
drum geb ich ihr
einen kuss
und dann ist schluss

ich mach keine witze
denn ich sitze
in meiner kacke
und hacke
dazu holz
ich bin zu stolz
zu outen mich
sonst verlier ich dich

ich tausche schnell
bei „Bell"
ein auto zum spielen
gegen eine von vielen
puppen aus
die bring ich schnell nach haus

Karl der grosse
mit seiner sauce
will brillieren
beim grillieren
und sein der beste
am grossen feste

hört mal her
s ist gar nicht schwer
wir sind verliebt
und man spürt
dass wir zusammen gehören
und wir betören
den polizisten
dass er aufhört zu twisten

die quelle
die helle
sprudelt vor sich hin
und das ganz ohne sinn

ich wette
dass er ins bette
macht
gute nacht

gib ihr nen stoss
weg von meinem schoss
der ist nichts für fliegen
und nichts für ziegen
der ist für meinen schatz
dort ist sein platz

lust auf eine bratwurst
und der durst
treiben mich zum jahrmarkt
wo ich dich finde
unter der linde
mit lautem gezeter
denn da geht er
dein alter freund
der jetzt ist dein feind

der Bill hat durst
und kauft sich stattdessen ne wurst
der durst bleibt bestehen
Bill hat gesehen
dass seine wurst
nichts ist gegen den durst

der mut hat mich verlassen
zieh nicht mehr durch alle gassen
bleib daheim
ganz allein
und sehe fern
das mache ich gern
und zappe herum
doch das ist dumm

kann mich nicht wehren
es verzehren
mich die hunde
zu später stunde

ich liege
und über mir ist ne fliege
ich sage zu ihr
komm „plag" mich nur
hol dann die klatsche
und patsche
nach der fliege
die „in einem zuge"
liegt flach
auf dem „dach"

im hotel Zum Raben
können die knaben
gratis eintritt haben
und gehen zu den frauen
die sie aufbauen
unds ihnen besorgen
bis am frühen morgen

ich habe autos zwei
und du sogar drei
wir fahren aus
von dir nach haus
dabei drücken wir aufs gas
dass jeder „haas"
in die büsche flieht
so schnell dass es zieht

ich „schlote"
und hole brote
beim bäckermeister
wie heisst er
schon wieder
mit seinem namen?
der ist bieder
Wieder-
kehr
und noch mehr

ich schalte aus das licht
doch es ist nicht
dicht
unser haus
drum wohnt hier ne maus
es hat „spalten"
in denen halten
sich die tiere auf
ich hau keine drauf
denn sie sind freunde mein
die wohnen in meinem heim

der John auf seinem pferde
scharrt in der erde
er wartet auf Bill
doch der will
nicht kommen
will sich sonnen
vor seinem haus
jetzt ist die geschichte aus

ich habe pickel im gesicht
wie ne kröte
darum töte
ich eine
denn ich meine
dann gehn die pickel weg
das hat mir gesagt eine frau
in blau

bei der ampel
gibts ein getrampel
es kommen schafe viele
die ohne ziele
rennen durch die strassen
und wir können sie nicht fassen
drum gehn sie weiter in die gassen
dort finden sie was zum fressen
um dann ganz besessen
rennen bis zum tresen
das wärs gewesen

eben
kleben
die mücken
zu wessen entzücken?
an der wand vom stall
sowas gibts überall
darum auch mücken
welche stechen in den rücken
und in den bauch
das tun sie auch

mir tut weh
wie der klee
leidet unter der dürre
darum hole ich myrrhe
und streu sie über den klee
dabei hilft mir ne fee

tante Trude
aus Buxtehude
kommt zu besuche
so stehts im buche
und sie kommt an
und dann
gehen wir schlittenfahren
bei klarem
wetter
das ist better
als zu trinken daheim
ein gläschen wein

hops
ein mops
kommt geschlichen
(er ist entwichen)
auf allen vieren
doch er will nur probieren
von dem frass
den ich ass
er ist nicht gewichen
mir aus dem weg
darum feg
ich ihn jetzt weg

famos
ein schloss
mit gespenstern
hinter den fenstern
getraust du dich rein?
nein

ich fahr mit herrn Hug
„zug"
wir schaun aus dem fenster
und sehn grad nen gangster
steigen ein in ein haus
welch ein garaus
diese schweinerei
die er macht dabei
die kann niemand brauchen
drum gehen wir eine rauchen

ich geh in eine bäckerei
und kauf mir zwei
brötchen
und zahl mit einem „nötchen"

ich raufe mich mit Bill
beim grill
wir ziehn uns an den haaren
und dabei fahren
die autos vorbei
die rufen hei
lasst das sein
trinkt lieber wein!

morgens um sieben
wachsen die rüben
ganz schnell
denn es wird hell

wir kriegen ein baby
s wird ne kleine lady
sie kommt in fünf wochen
doch vorher kochen
wir noch vor
damit wir haben mehr zeit
um zu kaufen ein brautkleid

wir schlachten ein lamm
und dann
nehmen wirs aus
und bringens nach haus
und kochen daraus
einen braten
aber niemandem verraten

ich spüre
an der türe
einen zug luft
der verpufft
vom raum die ganze wärme
und ich hätte gerne
wenn wer aus der ferne
kommt
und prompt
dichtet ab die türe
damit ich nicht mehr friere

meine wohnung „sauge" ich
und dabei glaube ich
zu sehen mäuse
und „chläuse"
welche sich haben verirrt im datum
das ist ganz dumm

die hose
die famose
von meinem freund Peter
da steht er
ist mir zu knapp
denn ich hab
zehn kilos mehr auf den rippen
darum beiss ich mir auf die lippen
und zwäng mich rein in die hose
die famose

die liebe
hat komische triebe
mal fällt sie nicht weit vom stamm
doch dann
und wann
verliebt sich ein pärchen
das an jährchen
schon hat viele
aber noch immer hat gefühle

bin am dichten
mit den wichten
um die wette
in jeder stätte

ich lauf von dannen
war bei den tannen
und hab gehört
ich hätte gestört

mein stick
ist dick
und voll beladen
mit vielen daten
ich hoffe nur
er macht nicht schlapp
doch mit bravour
geht er knapp
vorbei am desaster
s ist halt ein master

ich friere
und berühre
dich ein wenig
du bist mein könig
von Rügen
und du lässt dich nicht betrügen
nicht mal
einmal
sagt der knecht
und er hat recht

wir gehen spazieren
doch meine nieren
streiken
drum geh ich halt biken

der stall
beim grossen wall
wurde abgerissen
doch haben beschissen
die handwerker mein
ganz fein

die dohle
„mit der flotten sohle"
will tanzen gehn
um zu sehn
obs noch hat weitere dohlen
„mit flotten sohlen"

muss mich bücken
zu deinem entzücken
doch wer
hilft mir beim aufstehn?
denn ich muss noch gehn
zu den zwergen
in den bergen
leider hab ich schwer zu tragen
und ich kann euch sagen
ich tu fast verzagen
der weg ist weit und beschwerlich
und ebenso gefährlich

ich hau in die tasten
vom klavierkasten
bis um vier
das glaube mir

der letzte sens für heute
liebe leute
habe geschrieben den ganzen tag
soviel ich zu leisten vermag
s hat gute und rechte
viele und schlechte
für mein drittes buch
uff

oje
mich schmerzen meine narben
die sind vom morgen
ich betrachte sie mit sorgen
im spital von Horgen
wurden sie genäht
noch ganz spät
in der nacht
so gegen acht

sitz im grase
wie der hase
lass mich nicht lumpen
und wir pumpen
frisches wasser
dass er
kann saufen
und nicht muss weglaufen

Livio
der schreit nur so
will windeln frische
grad auf dem tische

die geschichte
der hundert wichte
hört sich gut an
ich kann
sie verwenden
für die enden
meiner geschichten
die ich bin am dichten

die monster auf der „winde"
machen gesagt gelinde
soviel lärm
er tönt wie von fern
doch es ist in meinem haus
und die geschichte die ist aus

mir ist „schlecht"
und erst recht
am morgen
wenn mich plagen meine sorgen
erneut
für heut

der herr aus Bern
der will nicht gern
aufräumen
dabei bäumen
sich türme in die höhe
dass sogar die krähe
meint ist da nicht ein wenig viel
im spiel?

eine neue niere
eine von einem tiere
kannst du haben
du darfst nur nicht zu lange fragen
sie ist gar nicht teuer
doch dabei ist mir nicht geheuer

meine zähne wackeln
wie bei den dackeln
der schwanz
und Franz
dagegen fängt an zu lachen
ich kann nichts machen
doch ich mach mir sorgen
wegen morgen
ob ich muss bleiben
ohne „zmorgen"

der hund macht ein häufchen
das mit dem „schäufchen"
ich nehme auf
denn ich bin gut drauf
ich lach mir ins fäustchen
und mache ein päuschen

du musst nur zählen bis zehn
wenn
du willst nehmen ab
das tönt „glatt"
aber dann hast du keinen hunger mehr
der dich plagt so sehr

ich sitze da
und warte
bis hie und da
kommt ne karte
die der „pöstler" bringt
und dann singt
in mir mein herz
vor schmerz
weil ich so fernweh hab
das bringt mich noch ins grab
und das jeden tag

der regen
ist ein segen
für mensch und tier
drum bleibe ich hier
und wandre nicht aus
in ein land wos ist trocken
und du kannst gehn in den socken
nein ich bleib zu haus

Esthers schwester
ist ein tester
für medikamente
da kommt die ente
und fragt ist das nicht gefährlich
so jährlich
zu machen ein paar tests?

die wanze lädt zum tanze
unter dem bett
dort ists ganz nett

ich laufe
vom regen in die traufe
hab einen zwilling verloren
und einen neu geboren
doch seine ohren
stehn so ab
ich könnte heulen
darum gab mir eine von den eulen
ein mittel gegen die schmerzen
jetzt kann ich wieder scherzen

die Oma
liegt im koma
wir weinen alle
und der Kalle
ruft s darf nicht sein
das ist die Oma mein!

was das soll?
ich finds toll
hab gezählt meine kohlen
ob ich mir noch kann kaufen sohlen
und nicht muss gehen barfuss
zum nahen fluss

die „munggen"
die „gumpen"
über die weide
unserer heide
und spielen ball
so wie im all

die krähe hat mühe beim singen
sie könnte sich umbringen
es scheint es tut sie belasten
der ganz volle kasten
wo sie tut brüten
und ihre eier hüten

die Anne
hat ne tanne
umgehauen
jetzt kommen die sauen
und bauen
in der weichen erde
hügel und pferde

eine waage brauch ich hier
glaub es mir
drum schenk mir eine
ich hab noch keine
dann kann ich wägen mein gewicht
und dann machen ein langes gesicht

die französischaufgaben
die sie uns haben
aufgeladen
sind zum kotzen
und wir gehen motzen

wir setzen uns vors „cheminée"
da können wir jauchzen juhee
haben nicht mehr kalt
und fühlen uns nicht mehr alt

hab ein leck in der leitung
dabei les ich die zeitung
s macht mir keinen kummer
ich hab die nummer
schon gewählt
die zählt
zu den besten im land
ja ich hab sie grad zur hand

mein mann
der kann
so vieles
doch ich spür es
das ist noch nicht alles
er kann noch mehr
dafür bewundre ich ihn sehr

ich bin am reimen
und es keimen
die bohnen vor ort
drum trag ich sie fort
zum gewächshaus
doch dort ist alles aus
es gefällt nicht den bohnen
die jetzt sollen dort wohnen
sie lassen hängen die köpfe
die armen „tröpfe"

ich will
vom Bill
ein kind
geschwind

der Hans
aus Wangs
kann spielen
eines von vielen
instrumenten
welche die studenten
achtlos warfen in den bach
da gab es hoffentlich krach

eine firma die zählt
wir haben sie einmal gewählt
zu den besten im lande
aber welche schande
hat in der leitung ein leck
jetzt kommt da raus der dreck
und unsere tiere müssen fressen
den verseuchten dreck
bin ganz versessen
dass kommt eine firma
und macht platz da
um zu flicken das leck
dass nicht mehr kommt dreck

der Bill
der will
dass ich ihn tu begleiten
doch wir streiten
den ganzen weg
bis zum hölzernen steg
dort sag ich ihm ade
und s tut nicht mal weh

dem herrn aus Berlin
kommt in den sinn
dass er hat vergessen
zu schliessen sein heim
und ist jetzt ganz besessen
sucht nach einer eisenbahn
die ihn dann
wieder bringt heim
dort trinkt er allein
ein gläschen wein

der knabe der hat
nur ein paar decken
statt
einem bett
ich muss ihn dann wecken
das findet er nicht nett

das ist schlecht
meint der specht
zu verdienen
„an einem riemen"
soviel geld
für mich und die welt

ich kann verzichten
auf den besuch bei den nichten
denn was machen wir dort
an jenem abgelegenen ort?
schauen fern
und das tu ich nicht gern

bin am dichten
doch vor lauter gerüchten
kann ich nicht frei schreiben
das gibt beschlagene scheiben

bin wieder am dichten
ganz verrückte geschichten
s kommen drin vor
du und der tor
die wichtel und feen
von den blauen seen
und Max und Peter
mit ihrem gezeter

ich laufe
und schnaufe
von dannen
zu den tannen
denn dort tanzen die feen
das lass ich mir nicht entgehen

ich seh fern
und krieg dabei nen stern
einen ganz kleinen
feinen
den ich tu beschützen
vielleicht kann er mir mal nützen
und ich geh drauf wohnen
um mich zu schonen
vor der grippe
das wär nämlich schon die dritte

die tapeten
und die „kneten"
sind so toll
und ich roll
mir eine zigarette
ganz ne fette
und rauche sie
das passiert mir nie
dass kommt wer motzen
s ist zum kotzen

ich „schlote"
und der bote
von nebenan
ein gestandner mann
kommt reklamieren
weil er muss frieren

sage nicht
du bist ein wicht
sag nur du bist klein
auch das ist gemein

die biene
die kühne
fliegt von der bühne
und verletzt sich dabei
doch das ist ihr einerlei
ich bin froh
dass sie nicht mehr kann stechen
mir in den rachen
und so

ach so
der Mario
will von mir geld
um zu reisen um die welt
doch hab ich selber keines
denn ich trink zuviel des weines
mein kleines
dass ich nicht helfen kann
dem armen mann

eine libelle
ganz ne schnelle
fliegt auf mich zu
und im nu
haben wir freundschaft geschlossen
und gehen unverdrossen
miteinander zum meer
doch das ist leer
s gab lange keinen regen
doch diesen segen
braucht das meer
denn sonst ists eben leer

ich esse zum „zmorgen"
am morgen
für mich allein
ein brötchen fein
mit butter und marmelade
denn ich finde es schade
das brötchen zu essen trocken
so bleibts mir noch „im hals hocken"

ich spüre
wie der böse traum
mich verfolgt beim baum
und ich friere
dabei
doch ich habe frei
und kann versuchen
zu buchen
eine reise ans meer
das hilft mir sehr

ich brauche abstand
von der wand
hab sie immer angestarrt
doch sie verharrt
weiter aus
doch mir wirds ein graus
brauche einen wechsel der tapete
drum geh ich mit der Grete
an einen ball
im all
nur für ein paar tage
doch ich sage euch „tschau"
und dem hund „au"

ich gehe im dreck
zu meinem leck
am schiff
bin gelaufen auf ein riff
jetzt kann ich nicht mehr „schiffli" fahren
und ich rauf mich an den haaren

es fahren
bei den kanaren
die schiffe
auf riffe

die leute kommen schauen
was wir da bauen
da unten am see
im weissen schnee
s werden pfauen
die wir da bauen
und ihre hütte
in der mitte

der fluss der steigt
und jeder „beigt"
sandsäcke vor die türen
doch die mit den allüren
machen nicht mit
sie sind zu dritt

fange an zu kochen
die rochen
denn die sind fett
ganz nett

lass mich nicht lumpen
und rauche einen „stumpen"
aber der stinkt
und es winkt
mir zu
ein mann wie du

die Nura
hat die prokura
auf ihrer bank
das find ich krank

tagaus tagein
plagt mich der wein
tu ihn benützen
um mich zu schützen
vor den problemen
die mir nehmen
weg die zeit

sie hat bei sich nen kanister
den hat sie vom minister
und den füllt sie auf
und da steht drauf
nur für leute wie Nura
die haben studiert jura

soviel lärm
mach ich nicht gern
bin lieber leise
wie eine meise
die pfeift vor sich hin
das wär ein ding

tu mich beschützen
vor den pfützen
die s hat im stall
und überall

im jura
hat die Nura
ihre gedanken
nicht beim tanken
und sie füllt ein
ach wie gemein
zuviel vom teuren „most"
dann fahrn sie nach ost

ich bin besessen
die lust aufs essen
stresst mich enorm
ich fall fast aus der form

mit freundlichen grüssen
ihr süssen
verabschied ich mich
um ohne dich
und das ganz gerne
zu reisen in die ferne

wenn es knackt
kackt
er sich in die hose
dann werde ich böse
denn diese schweinerei
ist mir nicht einerlei

ich hab keinen hummer
drum hab ich kummer
was tisch ich meinen gästen auf
die kommen bald zuhauf?

das ist zu teuer
das ist mir nicht geheuer
will nicht soviel geld ausgeben
will lieber besser leben

es ist so heiss
das kostet schweiss
draussen am pool
denn ich bin nicht schwul

wenn er geschlafen hat
nimmt er kein blatt
vor den mund
dieser hund

ich bin am trinken
und dabei winken
mir die vögel zu
und ich geh im nu
nach draussen
denn dort hausen
die vöglein klein
so ganz allein

ich bin in form
es ist enorm
kann wieder schreiben
und es verbleiben
mir schöne stunden
in denen ich bin verbunden
mit meinem hobby
und dem Bobby

hab ich dein interesse geweckt?
dann kauf ein ticket
das hat viel wert
für das grosse konzert

die kaninchen
und die bienchen
sind high
das ist mir einerlei

du darfst nicht spielen
mit meinen gefühlen
denn die sind so zart
da kannst du mit deinem bart
mich verletzen
zu meinem entsetzen

ja die katzen
die würden mich hetzen
den ganzen tag
was ich nicht mag

bin noch nicht unten
drunten
am boden
schweb immer noch oben
am himmel droben
so gewaltig ist mein hoch
doch ich muss runterfahren
um die wahren
werte zu erhalten
die alten

immer weiter
ich werd breiter
kanns nicht fassen
fang mich an zu hassen
weil ich bin zu fett
das ist nicht nett

ich habe ein haus
und komm nicht mehr draus
doch was macht das schon aus?
denn die vielen moneten
auf den kometen
die platzen zur erde nieder
dann hab ich sie wieder

im tiefen schnee zu fahren
ist herrlich
aber gefährlich
s hat leider viele gefahren
die zu beachten sind
darum mein kind
bleib lieber auf der piste
denn dann „biste"
in sicherheit
und es „ghait"
niemandem aus der krone
eine bohne

daheim
und das allein
ich bleibe hier
bis nachts um vier

habs vergessen
so besessen
bin ich
ohne dich
dass ich habe mühe
und die kühe
friedlich grasen
draussen auf dem „rasen"

wir trinken
und hinken
aus dem lokal
das allemal hat offen
bist du besoffen?

was hab ich falsch gemacht
in dieser nacht?
du bist gegangen
ohne meine wangen
zu küssen
doch du lässt mich grüssen
aus deinem büro
so so

es winken
beim trinken
die finken
und wünschen mir
das sage ich dir
einen schönen tag
das ist was ich mag

frau Rageth
die ist so nett
hilft mir durch meine krisen
die mich begleiten
und ich hock auf die wiesen
und lasse mich leiten

der hahn ist wieder wie abgestellt
und es gesellt
sich dazu
und das im nu
leider kein neuer spruch
uch

dreh mich zur seite
und es jammert die weite
böse welt
sie hätte kein geld
und zu uns gesellt
sich ein bettler
bei schlechtem wetter
der hat aus dem fass gestohlen
ganz unverholen
vom wasser
so dass er
wurde nass
und das ganz krass

habe geschaufelt
doch dabei bin ich gestrauchelt
über viele äste
doch jetzt kommen gäste

wir gehen in die „beiz"
und draussen „schnaits"
um dann zu stossen an
o lieber mann
das kann
gehen schief
drum schreib ich dir nen brief

ich habe kummer
denn ich hab hunger
nach einem stück brot
das ich esse in der not

ne zigarette
raucht die Annette
und das ist fein
so ganz allein

es kommt mir vor
ich wäre ein tor
der muss dichten
immer neue geschichten

möchte buchen
ein stück kuchen
für morgen
am tag der sorgen

wir fahren
mit den jahren
nicht mehr so schnell
„gell"?

einen
klaren
würd ich meinen
liegt noch drin
das macht sinn

ne nette
zigarette
rauch ich allein
du lässt es sein
und das ist fein

der hahn ist wieder offen
und ich hab getroffen
der mädchen vier
die trinken ein bier
und sind so laut
dass mir davor graut

der traum wie abgestellt
es schnellt
nicht mehr hervor
ein neues gedicht
und ich mach ein langes gesicht
ich nehme mir vor
zu warten bis kommt der nächste schub
und das ist klug

bin wieder im alltag dem banalen
und es strahlen
aus weiter ferne
die sterne

mein hoch ist vorbei
das ist mir nicht einerlei
kann nicht mehr schreiben
von den geigen
die mich begleiten
in schweren zeiten

bin leider wieder
zurückgekehrt zum alltag
den ich so gar nicht mag
er ist mir zu bieder
ich brauche ein hoch
in dem ich doch
kann schreiben
das tut mir nicht „verleiden"

ein affe
und eine giraffe
gehn spazieren
und sie flanieren
dem gehege entlang
und dann
kommt plötzlich ein krokodil
vom nil
will fressen den affen
und alle gaffen

ich nimm
und das macht sinn
eine Parisienne
rauch sie bis zum schluss
mit genuss

die wichte die guten
die gehen „tschutten"
für einen guten
zweck
dann gehn sie zum „beck"
um zu kaufen ein brötchen
mit einem „nötchen"

hab keine worte
mir vergammeln
die pilze
die ich bin am sammeln
ohne worte
für eine torte

es bringen
die kühnen
mädchen vom lande
mir eine bande
„lausbuben" heim
doch ich bin gemein
und lass sie nicht rein

s ist nicht einfach
darum lass zweifach
dich beraten
bei solchen taten
die du noch willst vollbringen
und es beginnen
die blümchen zu treiben
hinter den scheiben

am nahen tresen
bin ich gewesen
dort ists noch hell
drum komm schnell
und trink einen schnaps
doch darin hats
alkohol viel
drum machen wir nen deal
ich bring dich nach hause
und darf dafür unter deine brause
um dann gehn wieder zurück
das ganze stück

s ist mittwoch geworden
doch meine sorgen
sind noch da
und das ganz nah
brauch abstand von diesen
drum geh ich auf die wiesen

brauch hosen in grösse 42
doch das ziert sich
nicht mehr
drum brauch ich mehr sport zu machen
und ich lasse die drachen
steigen
zu einem bunten reigen

eine zigarette
ich wette
braucht keine prokura
wie die Nura

du gehst fort
an einen ort
wo du bist einsam
und wir nicht mehr können gemeinsam
hacken holz
doch du bist zu stolz
das zuzugeben
drum lass es eben

das hotel Cristal
und das Bristol
haben moderne badezimmer
die man immer
gerne benutzt
für ein paar „stutz"

wir wählen
und wir quälen
uns an die spitze
der drei sitze
dies gibt im parlament
und jeder rennt
um einen zu holen
der nicht ist gestohlen

lieber doktor Gänger
es wird länger
tag
aber ich mag
trotzdem nichts tun
was soll ich nun?

die Sara
und die Lara
gehen in die Sahara
sie kriegen durst
doch sie haben nur ne wurst

ich weiss dass das nicht einfach ist
drum frisst
mein hund
im keller
aus dem teller

s gibt gerüchte
dass deine gedichte
nicht stammen von dir
doch was ist mit all dem papier
und den notizen
welche die komplizen
von dem komplott
nicht haben? und das ist flott

hei „Mami"
gib mir salami
und den rest vom brot
das ich in der not
auch noch essen will
sagt der Bill

ich muss es bringen
und dabei springen
über die autobahn
so ein wahn

bin so ungehalten
dass ich die gestalten
nicht mehr mag
auf einen tag
mag sie nicht mehr sehen
denn es wehen
modrige gerüche zu mir
das sage ich dir

wir haben
viel zu tragen
in unserem leben
drum will ich eben
abschütteln die lasten
die mich belasten

das Feldschlösschen
hat ein rösschen
das muss laufen viel
bis zum ziel

es hocken die vögel im neste
es ist das beste
was sie können tun
denn die katze schleicht herum
drum
bleiben sie hocken im neste

ne zigarette
und die Babette
haben eines gemeinsam
sie sind nicht einsam

milchkaffee-schaum
ist für mich ein traum
kann ihn schlürfen
doch dabei dürfen
die kekse nicht fehlen
sonst geh ich sie stehlen

ich bin am schlafen
dabei raffen
sich die schäfchen auf
um mit einem schlauch
mich zu bespritzen
damit ich nicht muss schwitzen

ich gehe in den wald
und komme bald
wieder zurück
zu meinem glück
denn da wartet auf der bank
im „rank"
der Kurt
der muss gleich „furt"

ich denk
ich lenk
einen drachen
der kann machen
verschiedene sachen
einen looping nen feinen
so dass man könnte meinen
der drachen wär echt
das ist doch nicht schlecht

wir machen jetzt bio-
logie und das geht so
wir brauchen
um zu tauchen
in die flüssigkeit
ne menge zeit

der Kurt
isst ein joghurt
s hat drin früchte
und davon möchte
er
noch mehr
was kann man da machen
damit er
nicht ist zu sehr
enttäuscht?

nun
was könnte ich tun
dagegen
um nicht wieder zu stehn im regen?
ich könnte laufen
und „billette" verkaufen

ich bin nass
und ganz blass
werde ich krank?
das wär dann der dank
weil ich geholfen hab
mit dir zu verbringen den tag

die
energie
ist noch vorhanden
jedoch gestanden
am platz
mein schatz

das holz
das ist zu stolz
um geschlagen zu werden
dabei sterben
viele bäume
ohne träume

adios
amigos
ich reite auf nem ross
motocross

s gibt medikamente
die mich erschüttern
möchte lieber die ente
damit füttern

Werner trägt eine perücke
er sagt sie drücke
so sehr
so bleibt er lieber mehr
oben ohne
damit er schone
seine kopfhaut
doch dafür findet er keine braut

eine „braut"
trägt ihre haut
spazieren
und es genieren
sich die leute
sie ist ne leichte beute

ich bin noch rein
das ist die schuld von mir allein
will jetzt einen freund zum schlafen
auch wenn gaffen
der leute viele
das lässt mich kühle

„die haben einen furz"
und „schnurz"
vorbei ist die geschichte
die ich dichte

zwillinge
und drillinge
sind nie einsam
das haben sie gemeinsam

s gibt leute „die mich mal können"
und mir nicht gönnen
die schule
sie steht neben der mühle
in der ich geh mahlen
mein korn
da vorn

die zigarette
von der Annette
die ist hohl
und das tut ihr wohl

kleider und schuhe
aus der truhe
sind für die alten
gestalten

wir können darauf warten
s gibt spaghetti im garten
wir sitzen an der kühle
und es rattert die mühle
mit kaputtem dach
am nahen bach

s gibt mehr lohn
doch s ist ein hohn
nur 50 „rappen" die stunde
darauf muss ich ne runde
laufen gehn
um das zu verstehn

eine kugel dreht sich im bauch
ja das gibts auch
sie ist geladen voll energie
das vergess ich nie
und es zappeln darin die maden
in schwaden
bis ichs habe ausgekotzt
und jetzt ist fertig gemotzt

der herr Walter
ist ein alter
herr der marine
er hatte sogar
und das ist wahr
ne eigene kabine

wir mäuse sparen futter
das sagt die mutter
von zehn tieren
die nicht mehr müssen frieren

herr Kunz soll uns bewahren
vor den gefahren
die drohen auf der welt
und es gesellt
sich dazu noch ein andrer
ein wandrer

es kommen in scharen
die leute
um sie zu bewahren
vor heute
denn heute soll sein
ein weltuntergang klein

es kommen
die nonnen
die haben nur zum ziele
zu essen viele
fische
von meinem tische

es macht
um viertel vor acht
der laden auf
und ich kauf
mir einen salat
denn der hat
keine kalorien
der vielen
die ich müsst verbrennen
drum gehe ich rennen
und esse salat
tag für tag

wir tauschen
und dabei rauschen
die antiquitäten
da glaubt man sie täten
rosten vor sich hin
doch das ist nicht mal schlimm

Lara Gut
hat mut
sie fährt die abfahrt runter
und das ganz munter

es küssen
die leute vom lande
eine ganze bande
nachher müssen
sie waschen
all ihre taschen

die stolzen preise
die sie haben
die „knaben"
s reicht nicht mal für ne reise
nach Aden

hab keine bedenken
zu lenken
einen drachen
das würde mir spass machen

eine katze
ohne tatze
erbarmt mich
denn sie hat gicht
darum lass ich sie nicht im stich
geb ihr zu fressen
und es messen
sich die nachbarn die alten
an meinem verhalten

bin am verdauen
die pfauen
sie liegen schwer auf
ich wette drauf
die haben gefressen
einen besen

bin am warten
und dabei starten
die raketen vom boden
rauf zum himmel oben

es lauern die gefahren
mit den jahren
an allen ecken und enden
und wir müssen wenden
sie ab
das geht nicht immer „glatt"

es ist so schwer
das nebelmeer
auszuhalten
denn die gestalten
die drüber sind
geniessen sonne und wind

schau auf die wand
die „blutte"
und kaputte
zähl ab an jeder hand
wie lang das noch dauert
bis ich bin eingemauert

im sport
vor ort
tanzen wir gern
und kriegen von fern
angebote zum tanzen
für zehn franken
doch das ist uns zu wenig
wolln nicht dass sie uns nur schmieren den honig
ums maul
wie einem gaul

wir haben die grippe
die ganze truppe
wir liegen flach
ach
können nicht marschieren
und salutieren
liegen nur im bett
dort ists wenigstens warm und nett

ich habe ein hoch
doch
es darf nicht sein
das ist gemein

der Sepp
ist im bett
eine kanone
das kann ich sagen ohne
aufzuschneiden
und so bleiben
wir beiden
zusammen
in den badewannen

es fährt ein laster
beladen mit zaster
in eine mauer
was für eine trauer
doch die leute rennen los
und sammeln einen ganzen „stoss"
zaster
vom laster

das quartett
das wartet
vor dem konzert
am warmen herd

es lauern
die gefahren
vom wahren
glück
drum tu ichs bedauern
und bin zugleich entzückt

der Matteo
und der Leo
kaufen das GEO
wolln dabei lernen
sich zu entfernen
zu den sternen in der galaxie
das würde ich nie

mach schon
ne doppelte portion
die kannst du doch essen
bei deinen massen

ein mann
der sich nicht getraut
zu fragen eine „braut"
der kann
als scheu bezeichnet werden
das gibts nicht so oft auf erden

halb sieben
da drüben
regt sich was
da auf der gass
doch was ist das?
s ist der Heine
der kommt alleine
vom saufen
und vom regen in die traufe
denn er verpasst die taufe

bin alleine
s steht keine
„biene" vorm haus
doch das macht mir nichts aus
geh sammeln pilze im wald
also bis bald

mir ist klar
und das ist wahr
er ist nicht normal
der general
schlaucht seine soldaten mit hut
bis aufs blut

du bist toll
ganz ohne groll
tu dich bewundern
wie du mit den flundern
tust tanzen
doch mich frierts an den „ranzen"

möchte wetten
in den betten
der kadetten
tummeln sich brünetten

bin am warten
doch im Va Bene
sitzen alle im garten
grosse und kleine
dicke und feine
die warten alle darauf
„ausser schnauf"
dass sie werden bedient
doch hats jeder verdient
zu kaufen ein „glacé"
und eine tasse café?

das bier
um vier
das gönn ich dir
doch sage mir
wirst du gut gehalten
von den alten?

ich bin zufrieden
mit den rüben
denn sie wachsen
bis sie machen
wurzeln
und dann purzeln
in die pfanne
bei der hohen tanne

ich brauche einen lappen
denn ich geh tappen
von einem ort zum andern
ja das nennt man wandern

die winde der nacht
vom monde gemacht
zieh dich warm an
dann kann
eine bise
wie diese
dich nicht gleich „haun um"
darum
befolg meinen rat
in der tat

ich komme nicht mit
das ist ein schritt
der mir tut weh
drum ade
habs lang bewogen
und dann gezogen
den schlussstrich
aber ich liebe dich
noch immer ganz fest
und das gibt mir den rest

es reizt mich
zu begleiten dich
auf eine Safari
dann da war „ii"
noch nie

ich laufe in eile
über eine meile
will nen pokal
und den hol ich mir mal
bin geworden dritte
doch mein ziel war erste
das macht mich „hässig"
und es ist „gschpässig"
dass ich mich trotzdem kann freuen
über den pokal den neuen

es ist grau
das seh ich „au"
bleib lieber zu hause
(ohne sause)
an der wärme
doch ich würde gerne
machen einen versuch
und gehn zu besuch
bei einem vetter
und sprechen übers wetter

ich bin bei dir
das glaube mir
in meinen gedanken
doch die schwanken
hin und her
denn wer
war dein besuch vom morgen
den ich habe mit sorgen
reingehn sehn bei dir?
sag das bitte mir

der Ignaz Paul
hockt nicht aufs maul
ist immer am motzen
ich könnte kotzen
so langweilig ist das
und der frass
den wir kriegen zum essen
kommt aus Hessen

der wahn
mit dem zahn
hört niemals auf
drum pfeif ich drauf
und nehm eine tablette
statt ner zigarette

ich wein
s ist so gemein
mir wurde gestohlen der ball
den ich überall
nehme mit
s ist kein shit

lieber Hannes
ich kann es
spazieren auf einem bein
und das von allein

wir fingen an zu malen
und dabei stahlen
uns Hugs söhne
die löhne

in Winterthur
da möchte ich nur
einkaufen gehn
und dabei sehn
was es gibt neures
und nichts teures

was ist los?
das ist famos
sich im dreck zu suhlen
und zu wühlen
wie ein schwein
und das nicht allein

der journalist
der ist
vom fach für zeitungen
und hat keine langen leitungen
er muss sein schnell
an einem ort
und dabei gell
gehn nicht fort

übelkeit
weit und breit
s geht ne grippe rum
was mache ich nun?

weisste
meine dreiste
frau ist abgehauen
mit so nem aufgeblasenen pfauen

soll ich machen speck und bohnen
die oben
thronen
auf dem bankett?
das sieht aus ganz nett

diese küche
geht noch in die brüche
die ist schon so alt
da brauchts keine gewalt

die katze
mit ihrer tatze
ist bereit
soweit
und wartet auf die maus
bis sie kommt aus ihrem haus

ich finds toll
denn ich soll
die bühne ausprobieren
und die allüren
vom star
nicht nehmen wahr

das ist neu
ich bleib dir treu
bis an mein lebensende
und kriech hoch die wände
wenns nicht so sollte sein
denn du bist mein
ganz allein

es warten
im blumengarten
die knollen
um sie einzurollen
um so zu überwintern
und ich sag zu meinen kindern
lasst das sein
das ist mein
sie könnten lachen
doch sie machen
ein trauriges gesicht
das gefällt mir nicht

ich wohne im stall
um dann mal
nach draussen zu gehen
denn dort wehen
die lüfte fein
und ich bin so klein
ich könnte weinen
und meinen
dass das nur mir so geht
doch es steht
drinnen in einem buche
dass jeder darüber fluche

ich bin fleissig
mit fünfunddreissig
hab drei kinder
die sind noch jährig minder
und nen mann
der alles kann

Juris frau
die wird genau
30 jahre alt
das ist „halt"
noch nicht viel
sie hat zum ziel
zu werden 110
wir werden sehn

möhren
und „gören"
haben eines gemeinsam
sie sind nie einsam

so müsste es gehen
doch ich kann nicht stehen
muss kriechen weiter
und dabei heiter
schaun in die welt
die mir so grad nicht gefällt

setz mich an die sonne
mit wonne
um zu geniessen ihre strahlen
die fahlen
um meinen teint zu bräunen
ja ich will nichts versäumen
will die bräunste sein von allen
auch wenn sie schallen
vor lachen
ich werd nicht darauf achten

so nen scheiss
ich mache „mais"
der kühlschrank ist wieder leer
doch bitte sehr
der sollte gefüllt sein
damit ich mein
joghurt kann essen
dann hab ich was gegessen

die tomaten
brauchen einen garten
um gross zu werden
dabei sterben
sie ab
und das gibt dann den salat

die meisten stressen
und lassen vergessen
wies mal war
vor einem jahr

ich bin noch benommen ganz
vom letzten tanz
der war so schön
drum lass mich jetzt nicht stehn
alleine
du weisst was ich meine

frau Heieis
badet im schweiss
braucht ne dusche ne warme
die arme

es hocken
die „mocken"
von männern
in ihren socken
aus lämmern
und sehen jeden tag fern
das machen sie gern

der beginn
mit einem gewinn
ist frohlockend
und stockend
ist schon der gewinn

die geschichte
über meine gerüchte
lässt mich nicht kalt
sie lässt mich werden alt
wenn nicht bald
aufgedeckt werden
die geschichten die derben

eine tanne
stark wie ein manne
hab ich in mein herz geschlossen
und sie unverdrossen
mit kugeln behängt
dabei drängt
sich die frage auf
für wen auch?

diesen ski
den stehl ich nie
der ist schon alt
und „halt" verbraucht
und gestaucht

ich brauch nen hellen
und nen schnellen
Alfa Sport
dann brause ich fort
nach Albanien
und pflücke dort kastanien

der Hannes
der kann es
zu setzen auf sport
und nicht nur dort
hat für den gewinn ne nase
wie ein alter hase

eine pfanne wie diese
voll lauter gemüse
möchte ich essen
und dabei bemessen
wieviele kalorien waren dabei
bei diesem gemüseeinerlei?

ich will
sagt Bill
eine wurst
gegen den durst

bin gestrandet
und dabei gelandet
in einer einöde
die ist blöde
es sind zwar schöne inseln
doch dort winseln
verwilderte hunde
zu nächtlicher stunde

ich glaube
ne schraube
ist locker
bei ihm
darum hockt er
vor dem kamin
und starrt vor sich hin

Kitty schreibt
ich bin nicht weit
wir sehns von aussen
es steht dort draussen
unser boot
das wir in der not
haben verlassen
und es allein gelassen

die reste
vom feste
müssen wir entsorgen
und dabei borgen
wir uns aus
ein haus

das ist nicht fein
bei so einem verein
zu warten
auf die karten
die sie uns bringen sollen
denn wir wollen spielen skat
ich bin schon parat

ich bin hier
ganz nah bei dir
und es tosen
die bäche herunter
da werd ich gleich munter
und möchte dich liebkosen
unter einer famosen
decke
an jener ecke

er gehört zu einer bude
aus Buxtehude
die spielen ball
und das überall

die arme
muss kochen für eine ganze armee
kauft ein
und „schaufelt" es heim
und kocht den ganzen tag
doch niemand mag
so richtig essen
sie kommen alle aus Hessen

wir braten würste
dann brauchen wir ne bürste
um den grill zu putzen
dabei benutzen
wir ihn fast nie

es müsste gehn
doch meine gelüste drehn
spiralen
und ich muss malen
zahlen
und ein gesicht
fürs hohe gericht

ich kann nicht schlafen
s gehn mir so viele sachen
durch den kopf
und ich werf sie alle in einen topf
und rühre um
darum
kann ich schlafen nun

die truten
und die puten
schmollen vor sich hin
was ist der sinn?
sie wissen
sie müssen
zum schlachter
um acht uhr
und Barry lacht nur

ich muss fragen
bin dabei am zagen
warum leute wie diese
pflügen das gemüse?

frau Zart
die trägt einen bart
will ihn tragen zur schau
und das gelingt ihr „au"
er steht ihr gut
dochs braucht mut

wir gehen „posten"
doch was kosten
die eier vom huhn?
das sonst nichts hat zu tun
als zu legen eier
im gehege von frau Meier

wir gehen laufen
und dabei kaufen
wir noch ein
wein

bleib dir nicht mehr treu
das ist neu
habe gefunden
nach vielen stunden
eine andere
und mit der geh ich wandere

was ist geschehn?
hab deinen mann mit seiner freundin gesehn
die zu ihm ganz zärtlich war
und um ein haar
hätt ich sie „angehauen"
um zu fragen
auf was bauen
sie ihr glück?
was hätt er da sollen sagen?
s ist nur für ein stück
des weges
und dann geht es
wieder
vorbei
doch das ist dir nicht einerlei

ojeh
es tut so weh
hab mich gestossen
am grossen
christbaum im raum
der baum
kommt draussen vom wald
ich hatte ihn bald
geschlossen in mein herz
das ist kein scherz

die magnete
hängen ohne knete
am seil
und das ist geil

ich glaube
ich mache die schraube
hab solche schmerzen
s ist nicht mehr zum scherzen

das ist nicht der herr Heine
den ich meine
das ist einfach ein mann
der melken kann

die frommen sprüche
aus der küche
will ich nicht mehr hören
die stören

der lohn
ist ein hohn
doch ich mach die arbeit gern
und bin fern
von zu haus
und das machts aus
drum halte ichs aus

da droben
vom himmel oben
wird man heut nass
und das ganz krass

ich hocke im trüben
wasser da drüben
es ist schaurig
traurig

tagein tagaus
gehst du aus dem haus
gibst mir nen kuss
und der muss
bis zum abend reichen
dann gibts wieder einen gleichen

ich finde
bei der linde
noch einen platz
für mich und meinen schatz

ich erfriere
denn durch die türe
kommt kalt
da hats nen spalt

für ne weile
bin ich in eile
mach dann die pause
bei einer sause

kannst im auto warten
du brauchst keine karten
für den zoo
das war schon immer so

da kam der „zug"
und der trug
schwarz
vom harz

in Walenstadt
da hat
es brötchen
wie kleine bötchen
ich steige ein
und werde ganz klein

mein hund
der ist gesund
hat keine zecken
die ihn zwicken
hat keine läuse
und frisst gerne mäuse

liebe leute
heute
mache ich blau
und das ist schlau

die fische sterben
und wir werden
bald ohne sein
das ist gemein

ich mache hick
und die handschellen klick
komm ins gefängnis
das bringt mich in bedrängnis
hab eins zuviel gesoffen
an dem tresen dem offnen
wie sag ichs nun meiner frau?
die muss es doch wissen „au"

kannst du mich holen?
ich habe gestohlen
sitz jetzt bei der polizei
doch das ist mir einerlei

ne eule
mit ner keule
ist tabu
und das sagst du

da hockt ne meise
auf dem geleise
und deckt sich zu
und das im nu

ich fahre los
das ist famos
ich seh viele fische
die ich gern hätt auf dem tische

wir tollen
ohne zu schmollen
herum
wir sind doch dumm

Coca Cola
trinkt die Lola
ein bisschen viel davon
denn schon
ist es kugelrund
das kind

einen morgen
ohne sorgen
kenne ich nicht
und das hat gewicht
in meinem gedicht

meine karten
liegen im garten
was tun sie dort?
ich geh doch nicht fort

ein wurm
gerät in einen sturm
es regnet so fest
er denkt das ist ein test
für meine schuhe die neuen
diesen kauf muss ich nicht bereuen

wir kriegens nicht mit
dabei sind wir zu dritt
wer dort liegt im bett
so fett

wir sehens dir an an der lippe
dass du hast ne grippe
was du kannst tun?
im bett liegen und ruhn

eine wanze
lädt mich ein zum tanze
doch das ist mir etwas zu diffus
möcht lieber eine mütze „pfuus"

frau Rageth
die ist so nett
spielt mit mir klavier
bis morgens um vier

es landen
die „randen"
in den jauchen
doch ich könnt sie gebrauchen

ich möchte buchen
einen flug nach Bern
um zu besuchen
meine freundin aus Luzern

wir sind am bauen
doch dabei „trauen"
wir den handwerkern nicht recht
und das ist schlecht

die beute schnell teilen
und dann eilen
sie schon wieder weg
runter zum steg
und mit flossen
den grossen
rüber zum schiff
das wartet beim riff
um dort die beute zu verstecken
da wird sie niemand entdecken

was tretet ihr so auf mir rum?
das finde ich dumm
kanns niemandem recht machen
was sind denn das für sachen?

der wind der weht
und eine frau die geht
übers glatteis
und bildet mit den feen einen kreis

das nashorn
das neu geboren
im tierpark
das ist stark
kann schon fressen
und ist ganz versessen
auf die möhren
der „gören"

beim doktor Wänger
gehts länger
bis du kriegst einen termin
das schleppt sich so dahin

am rande
der bande
steht ein schüchternes kind
durchs haar weht ihm der wind
er friert
und verliert
dabei einen zahn
das ist der wahn

ich bim am läuten
was soll das bedeuten?
niemand öffnet die tür
ist denn keiner hier?

nur bloss weg
und runter zum steg
die buben die bösen
die müssen lösen
ein problem
ganz unangenehm
die polizei
hat allerlei
über die buben gefunden
jetzt müssen sie verschwinden
„für ein paar runden"
und das generell
ganz schnell

was hast du da gemacht
dort unten im schacht?
bist gefallen rein
und ein
bauarbeiter hat dich gefunden
ganz zerschunden?

der wurm hat angebissen
der hund ist ausgerissen
die hose ist zerschlissen
was kommt noch auf mich zu
und das im nu?

diese preise!
die haben ja ne meise
für dieses kleid
ich platze fast vor neid
möchts gern kaufen
doch mir laufen
davon die moneten
und ich bin am kneten
meine hände
könnt raufgehn die wände
vor lauter neid
ich tu mir selber leid
s gibt fast streit
mit meinem mann
doch der kann
nichts dafür
er verdient nicht mehr
na bitte sehr
das ist schade
und ich kotz auf die „lade"
wo ist die tür?
die muss ich „schletzen"
und hetzen
von dannen
in den wald zu den tannen

wir lassen die pflanzen
tanzen
und legen auch hin einen tango
und einen mambo
dann wolln sie noch schwofen
wie die „goofen"

was ist mit der verrückten los?
hat sie kein „moos"
um ihre miete zu bezahlen?
das würde gefallen
allen
denn sie hat ne maus
in ihrem haus
darum will sie sich schonen
und nicht draussen wohnen

ach was soll das
ihr werdet ja ganz nass!
ruft der zwerg
runter vom berg
kommt zu mir
und wärmt euch hier!
und sie gehen los
und freuen sich famos
zum zwerg in die hütte
und legen die serviette
schön auf die knie
denn nie
würde der zwerg essen ohne
nicht mal eine bohne

ich schaue
die schlaue
werbung an
die kann
einem schön gehen auf den geist
weisst?

die adrette
Lisette
hat nen ball
in ihrem stall
der kommt von den „knaben
den feinen"
die mit den raben
überall
spielen ball

die internette
adrette
brünette
Bernadette
ich wette
die hat viel „moos"
in ihrem schoss
da ist was los

es tritt wer drauf
auf den schlauch
wir werden ganz nass
doch das macht spass
und auch die kinder kommen
mit wonnen
um draussen zu baden
und fragen
wer ist hier „verladen"?

zu trinken wein
kann sein
gemein

der jakob kommt aus der „knelle"
ich hock ihm auf die pelle
und frag ihn muss das sein
der viele wein?

ganz leise
auf eine art und weise
wo nur kommunizieren die elfen
wenn sie sind bei den wölfen
um ihnen zu helfen
die elfen
zu finden beute
für acht leute
im rudel
da backe ich lieber nen strudel
und die wölfe heulen um die wette
ach ist das ne nette
geste
und ich nimm meine weste
und geh fort
an einen ruhigeren ort

halb acht ist meine zeit
doch es schneit
und zwar ganz heftig
deftig
möchte raus und fahren ski
doch das schaff ich nie
frier sonst an die zehen
dann müsste ich gehen
zum après-ski
schaff ich das auch nie?

wir tanzen einen tango
und essen dazu ne mango
das geht zusammen beides gut
und das gibt uns mut
weiter zu tanzen
bis wir haben gebraucht den letzten „franken"

ein ei von mir
das leg ich dir
in den garten
dann müssen wir warten
und können dabei spielen karten
bis die monster schlüpfen
sind die nicht zum drücken?
doch werden sie gross
dann sind sie famos
erschrecken die leute
und gehen auf beute
können spülen das geschirr
und wir
haben frei
und gehen dabei
in die „badi
zu Wladi"

schiffsmodelle
bauen
tut meist nicht „hauen"
so auf die schnelle
„gelle"?

sonntags um acht
beginnt die grosse schlacht
am buffet
s gibt tee
und kaffee
brötchen
törtchen
und kuchen
der kommt mir grad gerufen
und schlagsahne
doch ich mahne
mich
nicht zu viel zu nehmen
denn ich will nicht zunehmen
und dann gehen ins fitness
das macht mir nur stress

es knackt
wer kackt
in den wald
schon bald?

liebe leute
es passt mir heute
gar nicht
hab zu gast
den wicht
den ich fast
(bei so viel gicht)
nicht mehr hätte erkannt
ist das nicht ungalant?

einen roten
boten
send ich aus
zu mir nach haus
und lass sie grüssen
denn sie müssen
es wissen
dass ich hab beschissen
und nicht bin weit fort
sondern nur an einem schöneren ort
wo die sonne scheint
und niemals weint
der himmel
über dem getümmel
der vielen leute
die heute
sich sonnen am strand
im warmen sand

also doch
vor dem loch
hockt ne maus
und macht allen den garaus
jetzt kommt die katze
und holt mit ihrer tatze
aus
so dass die maus
bleibt liegen
sie muss sich fügen

alle tage wieder
blüht der flieder

ich verstehe
darum gehe
ich
und nehme dich
nicht mit
denn du bist nicht fit
um zu gehen nach Amsterdam
wo ich hin gehe so dann und wann
um zu rauchen einen joint
an einem ganz bestimmten point
was das für ein feeling ist
kann nur wissen wer auch dort ist
oder schon mal war
das ist klar

die kommilitonen
sind lange bohnen
nur einer
ist kleiner

da hört mal einer
das versteht keiner
was ich habe gesagt
warum hat denn niemand gefragt?
weil alle haben angst vor mir
das sag ich dir
als guter freund
der rat ist gut gemeint
denn jeder hat applaudiert
sonst hätte er sich geniert
doch das war nicht ehrlich
und das kann sein gefährlich

wir müssen die mützen
beschützen
denn ein dieb
er ist zwar lieb
doch kann ers nicht lassen
zu klauen tassen
und geschirr
welches wir
zum essen brauchen
und dabei rauchen
ist das fein?

selbst ist der mann
das kann
problematisch werden
auf erden
weil unfälle passieren viele
zum beispiel beim streichen der diele
und das auto versuchen zu flicken
zu des garagisten entzücken
dann hat er gleich mehr arbeit
und das weit
über den normalen schaden hinaus
lernst du was draus?

wir freuen uns zu sein
nochmals ganz klein
um mit puppen zu spielen
und den vielen
anderen sachen
wir haben viel zu lachen

tut das gut
so n hut
auf dem kopf
nicht wie ein topf
er schützt mich vor der sonne
die extra brennt mit wonne
nieder auf die erde
so dass werde
ein heisser tag
den ich mit hut
gut
verkraften mag

wir reiten
und bestreiten
nen ausritt
zu dritt
da musst du sein fit
wir galoppieren durch wälder
und über felder
und kehren ein
um zu trinken ein glas wein

im tierreich
thront der scheich
hat über alles den überblick
sonst macht es klick
mit den handschellen
den schnellen
und auch bei den wilderern
die nicht mehr kommen gern

schritt für schritt
werd ich fit
ess nur gemüse
und keine speisen süsse
und ins fitness gehe ich
das wär auch was für dich

die wechseljahre
sind ohne kommentare
oft leiden die frauen
und man muss sie wieder aufbauen

ach mann
der kann
doch auch mal was machen
bringt immer nur heim sachen
uhren zum flicken
die ticken
nicht mehr richtig
das ist ihm wichtig

Eika
und die balalaika
tun sich zusammen
und gehen von dannen
um musik zu machen
sie spielen vor nem drachen
und der tut lachen
so laut
s haut
sie ja fast um
seid ihr denn dumm?

ich bin nicht gern
dem lärm
ausgesetzt
und darum hetzt
mich mein vermieter
ein ganz guter
aufs Lauberhorn
und ich steh ganz nach vorn

die spargeln
die nörgeln
vor sich hin
ganz ohne sinn
denn es scheint die sonne
oh welche wonne
sie gedeihen
im freien
und müssen nichts weiter tun
als wachsen und ruhn

im bett
da find ichs nett
so da zu hocken
ohne socken
und dabei motzen
und fast kotzen
dass nichts läuft
dabei säuft
der Edi
mit dem Fredi
einen hinter die binde
gesagt gelinde

ich nehme mir was vor
du tor
doch du hängst nur rum
und schaust dumm

s gibt was zu tun
wir können nicht ruhn
müssen artischocken
unter die glocken
bringen
da drinnen
und dem kohl
dem gehts so wohl
weiter stecken in die erde
damit die pferde
welche reiten herum
ihn nicht trampeln um

es knackt darin
s macht keinen sinn
zu spielen so
ich bin nicht froh
und fang zu weinen an
das kann
tage dauern
bis durchweicht sind die mauern

ganz nah bei dir
so bleiben wir
denn du gehörst zu mir
ich danke dir

schon seit halb acht
und die ganze nacht
gibts lärm
dem bleib ich fern
habs lieber gemütlich daheim
allein
und das ganz gern
drum schau ich fern

unverhohlen
und ganz verstohlen
schleichen sich die diebe an
um alsdann
zu klauen
mörtel und steine
um zu bauen
feine
häuser am strand
neben dem weissen sand

ich steck sie dann fein
in den topf rein
und lass sie garen
dabei lass ich „einen fahren"
bis sie sind lind
dann essen wir sie geschwind

wir spielen gemeinsam
niemand ist einsam
doch leider um halb zehn
müssen wir ins bett gehn

wir gehen zu den polizisten
die misten
aus den stall
für den fall
dass kühe kommen
denn die sind noch ganz benommen
vom fressen zuviel gras
denn das war ganz nass

oh mann
ich kann
auto fahren
und dabei „glaren"
aus dem fenster dem offnen
und wir hoffen
dass keine polizei
kommt herbei
und uns nimmt von der strasse
das gäb ne riesige strafe

ich wähl ne nummer
aus lauter kummer
bin so alleine
ihr wisst was ich meine
kein schwein kümmert sich um mich
darum wart ich auf dich
dass wir können plaudern
bis es uns tut schaudern
und uns können tauschen aus
bis es schnee hat vor dem haus

die frau Holle
hat ne tolle
idee
sie macht dass es noch mehr schneit
da „gait"
jeder und holt die ski
und fährt an der „beiz verbii"
aber nur bis um vier
das glaube mir
dann kehren sie ein
s war nicht die idee mein
zu einem glas jagertee
und der fragt nach „no mee"
alkohol
denn der tut einem wohl
nach einem tag auf den ski
das vergesse ich nie

der handchirurg
der ist aus Murg
flickt hände fein
und das fast allein

ich sage
am tage
wos lang geht
in der nacht
da steh ich unter verdacht
nicht zu sein so genau
weswegen „au"?
denn da geh ich tanzen
„und hang den männern an den ranzen"

ich fahre mit dem „zug"
ich habe genug
gesehen
und es wehen
eisige winde
die jedem kinde
lassen gefrieren die hände
s ist zum raufgehn die wände
hat das kind dann wieder warm
ist es arm
und hat doch zuviel stolz
um zu kaufen holz

ein büchergestell
muss schnell
her
das brauch ich so sehr
für meine bücher die neuen
die ich habe im „Löien"
bei einer auktion
kennst du das wort schon?
ganz billig gekauft
und mir dabei die haare gerauft

der herr Gall
frisst überall
wie ein schwein
nicht nur daheim
auch im stall
da gibts nen knall
und die decke fällt ihm auf den kopf
dem armen tropf

klack
und zack
vorbei ist die ruh
ich mach noch schnell die augen zu
und lasse revue passieren die nacht
denn ich liege schon seit acht

da läuft
mir über den weg
ein herr „vom andern steg"
und möchte haben meine schätze
die ich besitze
ich sage nein
und gehe heim

ich hab dich nicht mehr gerne
und in der ferne
was für ein schwein
rollt schon der zug ein
und bringt mich von Murg
nach St. Petersburg
das ist tief verschneit
nun „gait"
mir auf ein lichtlein
ich hätte sollen bleiben daheim

Urs
kommt ab vom kurs
er nimmt drogen
um zu glätten die wogen
leugne ich drauflos
da ist doch gar nichts los

den schlüssel steck ich ein
um dann fein
essen zu gehen
und es wehen
die winde vom dach des hauses
und das während des schmauses
so dass alle denken
s wär schön zu lenken
einen drachen
neben dem kuchen „bachen"

das stört dich
deshalb frag ich mich
warum nicht schon früher stoppen
dann störn dich die noppen
der „schlarpen" nicht mehr
und das ist sehr
beruhigend
und behänd
schaust du andere „schlarpen" an
die ich dir dann kaufen kann

Hans betritt den „zug"
er hat genug
gesehen
und es wehen
rüber die spuren der elche
welche
über die strasse gingen
und sich verfingen
im zaun
das war kein traum

ich „schnalls"
nicht mehr richtig
doch drum wär wichtig
das gehirn zu benutzen
das wäre von nutzen
sonst meint man ja ich werde alt
und das wäre „halt"
schlimm für mich
und für dich?

ich bin „zu"
und du?
ich auch
doch mir steht wer auf dem schlauch
doch den brauch ich nicht
ich bin ja dicht

man glaubt es kaum
der tod ist im raum
wen will er holen
so ganz verstohlen?

abends früh um acht
da sag ich gute nacht
leg mich ins bett
und ich „wett"
einschlafen gleich
doch das „isch än saich"
muss schäfchen zählen
und dabei wählen
die grössten aus
doch ich mach mir nichts draus

in Bad Ragaz
mein schatz
kann ich flanieren
und sachen probieren
die du gar nicht kennst
und du nennst
mir eine davon
und schon
können wir weiter gehen
und sehen
die schwäne im see
von denen gibts „no mee"

tut euch eine schöne wohnung zu
und dann schaust du
um eine zu suchen
und nicht zu fluchen
wenns nicht grad klappt
denn sonst tappt
man sich selber auf die füsse
und ich grüsse
weil ich das tu kennen
wenn ichs so darf nennen

toll ists gewesen
zu stehen am tresen
um zu trinken einen klaren
das macht aus den wahren
mann
und dann
hängen wir so rum
ganz dumm

herr Meier
ist satt
und hat
sich geholt ein bier
und ich gedacht das schnapp ich mir
und trinke das bier
ja schaue zu mir
in einem zug leer
das ist für mich nicht schwer

ich bin dreissig
und immer noch fleissig
am üben
die etüden
auf dem klavier
um so gut zu werden wie ein pianist
das ist
mein ziel
und das ist viel

ein schlauer
bauer
führt sein vieh zu nachbars tränke
gibt das ein geplänke!
der nachbar holt die polizei
die eins zwei drei
das vieh zurück führt
ganz ungerührt
an seinen platz
das wars mein schatz

ich möchte waschen
doch du bist am naschen
lauter süsse sachen
die dick machen
dann bist du wieder am jammern
es zwicken die klammern
vom bh
ja der ist auch noch da

ich veröffentliche mein buch
und schon beginnt der fluch
viele möchten eins haben
doch ich bin fast am verzagen
kann mich nur trennen schwer
ich fühle mich leer
ists doch ein stück von mir
das ich verkaufe dir

sie sind ausser rand
und band
und so verschwand
eine sardelle
ganz ne helle
in dunkler nacht
und es wacht
der mond über ihr
doch ich sage dir
sie fehlt mir

dessert zwei kleine
für mich alleine
die ess ich in meinem heime

seine gedanken
an die schlanken
frauen
im Pfauen
„bringen ihn ganz aus der spur"
und das nur
weil er sie nicht kann vergessen
er ist davon ganz besessen
er möchte eine haben
und ihr sagen
du bist mein schatz
doch das ist fehl am platz
er kennt sie ja erst seit stunden
und da kann man sich noch nicht binden
es sei denn sie will es auch
vielleicht hat sie schon nen dicken bauch

Franz will sie studieren
dabei berühren
seine hände
ganz behände
dein knie
das gabs noch nie
Franz entschuldigt sich
dass er dich
hat angerührt
das hat dazu geführt
dass du wirst sauer
wie auch der bauer
also legt Franz sich auf die lauer
und wartet bis die luft ist rein
dann geht er wieder heim

sagt es mir
ich spür es hier
unter meinem herzen
diese schmerzen
sollen bedeuten nichts?
doch das machts nicht
erträglicher
nein unsäglicher
wird der schmerz
unterm herz
und ich geh zu einem zwerg
der wohnt hinter dem berg
um ihn nach rat zu fragen
da hör ich ihn sagen
nimm dieses kraut
das musst du laut
zerkauen
darauf bauen
sich abwehrstoffe auf
die du dann zum verkauf
kannst bieten an
wer dann
interesse zeigt
der neigt
zum selben problem wie du
sagt er im nu

er rennt ein stück
weg vom glück
um zu vergessen
was er einst hat besessen

die noppen
stoppen
die kutschen
vor dem rutschen
im steilen gelände
wo wir behände
einen graben ausheben
eben

ein mann mit bart
der geht ganz hart
an die grenzen
seines lebens
doch was soll das „eben"?
er will seine grenzen erweitern
um so die heitern
momente mehr zu spüren
ich lasse mich verführen
und mache auch mit
bei dem adrenalinkick

deine „göre"
wie ich höre
haut ab
die bringt dich noch ins grab
ihr seid immer am streiten
sie sucht die weiten
der grenzen
und möcht schon haben einen freund
was dich noch mehr erzürnt
doch mit den jahren solls ja besser werden
zwischen ihr und dir auf erden

das ist hart
für mein englein zart
denn es hat
einen bart
muss ihn hegen
und pflegen
und ab und zu auch stutzen
das ist zu seinem eigenen nutzen
will ihn nun auszupfen
doch das tut rupfen
und macht höllisch weh
drum bring ich ihm eine tasse tee

ich bin in eile
doch kann ich eine weile
bei dir ausruhn?
denn ich hab noch so viel zu tun
muss gehn zu der fee
die wohnt im klee
um ihr zu sagen
sie solle nicht verzagen
ihr kleines bübchen
wohnt jetzt in meinem stübchen
bis es wieder ist gesund
das ist der grund

der Wladimir
das sag ich dir
der steht zu mir
dann kommt er und bringt mir „kies"
auch wenn ich nicht mehr mag machen dies

die geschichte
um meine nichte
belastet mich sehr
doch wer
kann mir helfen?
vielleicht die elfen
die draussen im walde wohnen
und mit kleinen „bohnen"
umzugehen wissen
ich könnt sie verküssen

„Dalmadorm"
das nehm ich vorm
schlafen gehn
wenn sie verstehn
dann schlaf ich wie ein murmeltier
bis morgens früh um vier

ich zähle die währung
und die gärung
in meinem bauch
beginnt zu furzen
„ich ziehe den kurzen"
und „hau" mich in die büsche
wo die füchse
sich sagen gut nacht

„auf dem wackel"
ist der dackel
wackelt hin und her
das gefällt ihm sehr

es gibt „znacht"
um acht
und nicht um neune
plötzlich brennt die scheune
und wir holen wasser
die feuerwehr kommt
prompt
so dass wer
wird ganz nass
das ist krass

Fritz muss ins bett gehn
schon um zehn
damit er sich nicht verschnupft
da rupft
ein kleines männchen
s kommt vom tännchen
mich am hosenbein
und sagt der Fritz ist dann mein
und ich behandle ihn fein
bis er ist gesund
und er kommt mit offnem mund
wieder zurück
das ist verrückt

was darf es denn sein?
noch ein glas wein
vom feinsten
den die meisten
besonders schätzen
ja wenigstens darüber schwätzen?

ich sag fein
und du sagst nein
die schöne karte
dort neben der torte
ich hätt gern ein stück
doch du wirst fast verrückt
an den gedanken
dass ich könnte schwanken

schöne worte
und sahnetorte
reichen nicht aus
für einen schmaus
bei uns daheim
nein
wir brauchen noch attraktionen
für viele millionen
franken
dochs reicht grad noch zum tanken

ich fresse einen besen
dass dus bist gewesen
die in dunkler nacht
nicht gab acht
und ist gestürzt
ich bin bestürzt
die treppe runter
und es wird noch bunter
rein ins fass
dort ists ganz nass

doch wer
hilft mir sehr
zu kommen aus der scheisse
in die ich geraten bin auf eine weise
die gar nicht ist schön
doch der föhn
hilft mir beim lüften
der schlechten „düften"
in meinem haus
und das freut die maus
und mich ebenso
ich bin geradezu froh

ich habe vergessen
den apfel zu essen
jetzt liegt er ganz dumm
rum

der mann mit der tuba
auf Kuba
will bleiben dort
und nicht mehr reisen fort
in die Schweiz
denn da schneits
im winter immer
und das braucht er nimmer
denn es scheint für alle
die sonne
auch für jeden schuft
der sich am tag legt in die gruft
und im morgengrauen
geht die beute klauen

o mann
ich kann
nicht mehr
bitte sehr
hilf mir beim packen
und mit roten backen
pack ich mit an
bis dann
die zügelleute kommen
und wir ganz benommen
sitzen auf nem stuhl
das ist ganz cool

ich frier
mir
die ohren ab
drum mach ich einen spagat
um zu testen
wo sind die resten
vom mittagessen
wer hat sie gegessen?

der herr Jansen
hat nen pansen
vor dem gesicht
so geht er vors gericht
und will sich bedanken
über die kranken
gedanken
der leute
von heute

kann man ihn lassen?
denn er hat nicht alle tassen
im schrank
doch Gott sei dank
weiss er das selber
und streift durch die wälder
bis ihm begegnet ein gnu
das sagt nanu
was machst du denn hier in diesem öden land?
da verschwand
der mann vom land

auf der toilette
hockt ne zigarette
sie fällt fast runter
doch ist sie froh und munter
sie möchte was zum lesen
und das wärs dann fast gewesen
doch sie fällt noch weiter runter
nun nicht mehr munter
und macht ein geschrei
das ist mir einerlei
ich spül sie ganz runter
bis sie kann munter
schwimmen in der kloake
da kommt ne krake
und frisst sie auf
dann lebt sie im bauch
der krake weiter
bis sie zusammenbricht
denn sie hat gicht

ich tu mich bedanken
für den franken
den du mir hast gegeben
er hat mir gerettet das leben
hab daraus gekauft ein brötchen
darin war versteckt ein „nötchen"
jetzt kann ich kaufen mehr
ich danke dir sehr

je länger ich mag fliegen
mit meinen ziegen
schaff ich einen neuen rekord
und komme sofort
ins Buch der Rekorde
ich hab nur eine sorge
dass es mir keiner macht nach
das wär dann eine schmach

es fällt der deckel runter
und ich bin wieder munter
dann gehts schwer
hin und her
ich möchte saufen
und einen haufen
freunde einladen
die können dann baden
im bier
und das bei mir

es stinken
die „finken"
der linken

es ist schön am pier
zu sitzen hier
und kann schauen zu den frachtern
wie sie achtern
drehen
und dann gehen
hinaus aufs meer
das ich lieb so sehr
drum möchte ich auch fahren mit
und ich frage den herrn Schmitt
ob ich kann als blinder passagier
auch mitreisen hier

der Tensfeld
ist kein held
will nicht ziehen in den krieg
weil da mit jedem hieb
er könnte sterben
und seine erben
warten nur drauf
bis sie bekommen das haus
doch das will er noch behalten
auch wenn die alten
läden klappern
und ich hör ihn plappern
solange ich lebe
gibts keine fehde

beim fallen
geht es allen
gleich
„äs isch än saich"

eine torte
ohne worte
steht vor der tür
doch für
wen ist sie bestimmt?
da nimmt
und zwar ganz bestimmt
ne wanze die torte auf
und sagt darauf
die ist für mich
die ist vom wicht

irgend ein spund
so ein junger
lebt gesund
und hat nie hunger
er isst die „rüäbli" roh
da müsst ich grad aufs klo
und trinkt „randensaft"
der macht
schlank und rank
doch Gott sei dank
brauch ich das nicht
denn ich hab kein übergewicht

ich stehl einen ranzen
der wollte gehen tanzen
nicht für lange
und nur bei der stange
doch ich halte ihn zurück
das gute stück

es schonen
sich die kommilitonen
um fit zu sein
für das fest
nach dem test
dann können sie trinken
in ihren „finken"
soviel sie wollen
und niemand tut grollen
denn alle haben freude
dass alle beide
haben bestanden
jetzt sind sie professoren
mit langen ohren

der salat
ist parat
um zu werden gegessen
doch er wirds vergessen
das macht ihn „schaurig"
traurig

er fand
die Eigernordwand
und will sie besteigen
mit einem orchester aus geigen
die spielen einen reigen
dass er kann ganz leichtfüssig besteigen
die Eigernordwand bis zum gipfel
dort hats viele wipfel
und er steckt auch einen ein
von seinem verein

hinter der düne
macht sich die bühne
ganz gut
und es tut
sich eine welt auf
wo die leute nur warten drauf
und es wird gelacht
und spässe gemacht
bis das stück ist aus
und jeder geht nach haus

es kommt ein vogel geflogen
vom himmel oben
kommt er her
auf die erde nieder
um wieder
zu picken würmer
das ist ein ganz ungestümer

der muli
landet im „gully"
kommt nicht mehr raus alleine
er braucht meine
hilfe
doch die ist auch nur beschränkt
und so denkt
der muli
im „gully"
die sanität muss her
aber sehr
schnell
denn es wird schon hell

ein grufti
hält den „mufti"
an
und fragt ihn dann
können sie mir erklären
warum die mähre
nicht gern hat ne faire
pflege?
ich fege
sie jeden tag
doch das mag
sie nicht gern
und es liegt mir fern
etwas zu tun
was sie nicht lässt ruhn

es geraten
die wespen in den braten
doch wie kommt das?
der braten wurde nass

ich will nehmen
den sessel
mit rüssel
und eingebauter schüssel
denn wenn ich muss aufs klo
dann kann ich „scho go"

in Gams
will der Hans
schlachten ne sau
das darf er „au"

er fleht um gnade
doch das ist schade
er ist ein solcher dieb
dass jeder hieb
ihn ein wenig bringt näher
da kommen die späher
zum entschluss dass ihm gut tut die luft
der gruft

ich könnte drüber stehn
und gehn
nach Ghana
wo mir ein lama
macht ein drama
ich möcht auf ihm reiten
doch es will nur bestreiten
wettrennen
um dann zu kennen
den wahren sieger

weiss nicht wohin
das macht sinn
und wenn es abend wird
dann kommt der hirt
will mich besuchen
und wir essen kuchen
auf der veranda
die ist für alle da
und langsam versinkt die sonne
oh welche wonne
im meer
das lieb ich so sehr

sag schon
wo liegt Rom?
nicht am Po dem fluss
doch das wäre ein muss
ihn einmal zu sehen
und dabei zu gehen
barfuss
im fluss

eine frau wie deine
finde ich keine
dochs muss auch nicht so sein
meine ist auch fein
und hat mich gern
s ist nur gemein
dass sie ist fern
auf einer reise um die welt
das hat gekostet viel geld

Nils bäckt eine torte
ganz ohne worte
und sie wird still gegessen
da meldet sich Bill
was der wohl will?
warum schweigen denn alle?
in jedem falle
war die torte gut
ich nehm vor dir den hut
oh das tut gut
und gehe nach draussen
um von aussen
das haus zu sehn

der herr mit dem „kuli"
fällt in den „gully"
ziehe ihn raus
da hat er ne maus
im hosenbein
und ganz gemein
tritt er auf die maus
bis ihr geht der schnauf aus

ich lebe nicht mehr so lang
und dann?
werd ich in den himmel kommen
wo die frommen
englein singen
und die bringen mir bei
wie das geht juhei

was ist geschehen?
wie soll es weitergehen?
das haus ist abgebrannt
und du bleibst unerkannt
in dieser stadt
die dir hat
heimat geboten
doch jetzt ist dir verboten
die stadt zu betreten
weil du hast übertreten
das gesetz
und jetzt
gibt es kein zurück mehr
das ist schwer

ich gehe
mit der zehe
ins wasser
so dass der
fisch sich kann wehren
und umkehren
und sich so kann retten
vor dem fetten
wurm an der angel
den der fisch frässe aus mangel
an nahrung
denn der see ist zu sauber
ja „glaub mär"

sein gesäusle
über das häusle
habe ich satt
das macht mich noch ganz platt
er möcht es verkaufen
doch dabei raufen
sich die erben
die Serben
die haare
das ist nicht das wahre
das häusle soll bleiben wie es ist
das ist doch kein mist

die sind am wursten
und ich am verdursten
krieg ich nicht bald was zu trinken
dann haut es mich aus den „finken"

Matteo
kauft sich das GEO
um sich zu bilden
über die wilden
kannibalen
denn die haben den Zwahlen
gekocht
und auch gemocht

bis zum wörtchen
vom örtchen
vergehen minuten
doch ich war „tschutten"
und muss jetzt dringend wohin

ich kriege den „rank"
nicht mit vollem tank
dabei bricht
die welle
so in der schnelle
vorbei ist jetzt das reisen
und die ameisen
kriechen hervor
unterm tor
und fragen
ohne zu zagen
können wir helfen?
dann holen wir noch elfen
bei welchen
wir gestern haben getrunken tee
und auch kaffee

eine bank
die ist krank
geht hin zum schreiner
das ist einer
der bänke flickt
ganz geschickt

am morgen
kommen die sorgen
zurück
am ganzen stück
und ich bedaure so vieles
ich glaube du spürst es
was ich habe getan
in meinem wahn
ich hab autos gestohlen
und sie unverholen
verkauft in den export
dafür habe ich mir den sport
finanziert
doch der verliert
jetzt an bedeutung langsam
weil ich allsdann
musik kann machen
mit unterschiedlichen sachen
und instrumenten
die von den studenten
zur verfügung werden gestellt
dazu gesellt
sich auch ein herrn
aus Bern

sie lachen schon über mich
ja ich bin nicht ganz dicht
doch das stört mich nicht
unds lacht auch der Friedrich
der mal mein freund war
jetzt ist alles klar

ein zebra
löst algebra
nur so zum spass
ich fass
mir mut
und frag obs ihm gut tut
da lächelt es
und meint
ohne des
würde es
auf der stelle krepieren
denns hat probleme mit den nieren

eine krake
schlängelt sich in der kloake
es scheint ihr gut zu gehen
doch es wehen
düfte herüber
darüber
möchte ich kein wort verlieren
und ich fange an zu frieren
drum geh ich in den whirlpool
wo schon sitzt der Kurt
doch der ist schwul
drum geh ich wieder „furt"

herr Meier irrt herum
drum
holen wir die ambulanz
die dem tanz
ein ende macht
doch in der nacht
flieht der herr Meier
zum weiher
und springt hinein
muss das sein
in seinem kummer?
ist das ein dummer
man könnte meinen er geniesse das bad
doch es ist ein kalter tag

mein schatz kommt auf leisen sohlen
um mich des nachts zu holen
und wir gehen in den wald
und knutschen bald
bis in die frühen morgenstunden
dann geh ich meine runden
laufen
doch brauch ich was zum saufen
ich lauf zum nächsten see
und wate
ins wasser rein
bis ich kann trinken fein

du kommst grad recht
denn mir ist „schlecht"
du darfst nicht motzen
sonst muss ich kotzen

im dunkeln
fangen sie an zu schunkeln
und munkeln
über die bürger der stadt
so hat
jeder sein plaisierchen
und die tierchen
die sie haben dabei
denen ist es einerlei

er hält seinen mund
nicht ganz ohne grund
er hat mich beraten
bei meinen taten
und mir gezeigt verstecke
habe gemeint ich verrecke

Holger gibt gas
in Las Vegas
verbraucht viele kohlen
dann muss er sich holen
neue mehr
doch woher?

ich will gleich
zum scheich
hab ihm was zu berichten
dass er soll darauf verzichten
einen harem zu halten
denn die alten
wollen rebellieren
und sich deswegen duellieren

ein möchte-gern
der hat es gern
zu fliegen
mit seinen ziegen
rund ums haus
und weit darüber hinaus

mit einem scheit
komm ich nicht weit
doch kann ich mich wehren
hinter den beeren
gegenüber den bauern
die mir auflauern
weil ich gestohlen habe
eine marmelade

Sabrina
die ist prima
wie ein kumpel zum stehlen
und wir wählen sie aus
von zu haus
und unsre träume
sehn aus wie bäume
die stehn im klaren meer
das mag ich sehr

die Olga
von der Wolga
tut sich nicht zieren
und auch nicht genieren
zu baden nackt im fluss
das ist für die Russen ein muss

ich weiss
das war heiss
ich wollte sie doch
denn die suppe sie roch
so phantastisch
dass ich alles sah plastisch
vor mir auf dem tisch
doch mit einem wisch
war alles zerstört
unerhört

in zwei wochen
kochen
die kannibalen
die beim herrn Zwahlen
wohnen
und sich belohnen
mit wenig tun
ja was macht er nun mit ihnen
die sich schämen
des nachts nach draussen zu gehn
wenn die winde wehn?

die grossen
famosen
heuschrecken im zoo
gefallen mir so
dass ich eine möcht behalten
und sie dann halten
im terrarium
das wäre nicht dumm

was für ein radau
machen die kinder denn „au"?
sie sind nicht zu bändigen
den ständigen
lärm hab ich auf dem wecker
und ich geh zum bäcker
und hole frische brötchen
ich bezahl mit einem „nötchen"
bring sie nach haus
und die kinder machen einen schmaus
daraus

ich hab geschrieben
s ist übertrieben
zu kaufen sich nen frack
ohne „sack"
dann kann man nichts rein tun
und nun
musst du mit dir tragen
eine tasche
du flasche

ein Suzuki Swift
der trifft
einen „Döschwo"
und fragt ihn „magsch no"?
nein ich bin schon alt und etwas müde
und ein rüde
hat mir gepinkelt
an ein rad
das ist schad

auf dass er
krasser
noch mag werden
beim erben
und alle trickst aus
auch den Klaus

ein salat
und ein spagat
passen nicht zusammen
die gehören getrennt
so wies man richtig nennt
und jeder muss alleine sehn
wies soll weiter gehn

wir testen
die resten
vom mittagsmenu
im grünen tenue
und kommen zum schluss
es war ein genuss

prima
wie die Lina
den karren zieht
der Fredi fliegt
mal vom hof
wenn der kleine „goof"
ist achtzehn
das wird geschehn
dann steht der Fredi alleine da
aber er wollte es ja so „haa"

ich halte schritt
sie sind zu dritt
doch mit der zeit
mag ich fast nicht mehr mit
und es gibt streit
warum läuft ihr so schnell
habt ihr gestohlen gell?

wir gründen einen verein
und der ist mein
ich bin der vorstand
vom ganzen land
und einen aufstand
lass ich schon gar nicht zu
sonst mach ich im nu
den verein wieder zu

es ist schrott
ich bin bankrott
weiss nicht wohin
das macht sinn
hab kein zu hause mehr
das ärgert mich sehr
muss leben auf der strass
auch wenn es ist nass
die zwerge haben erbarmen
und wolln mich aufwärmen
sie sagen einen spruch
und huch
bin ich so klein
um auch zu können in die hütte rein

meine söhne
kriegen löhne
von mir
ich bin ihr
meister
und ich sage dir
die arbeiten mit kleister
wie profis
ganz geschwind
wie der wind

die fakten
zu meinen akten
liegen auf dem tisch
neben dem ausgenommenen fisch
und sie fangen an zu stinken
dabei hinken
die motten herum
das ist dumm

das café
im schnee
verkauft auch tee
und sonntags kaffee
und kuchen ganz fein
den wir nicht allein
dürfen probieren
denn sonst genieren
sich die nachbarn die netten
über die fetten
bewohner im haus
und dann ists mit dem frieden aus

klick
und tick
die uhr läuft wieder
was war deswegen für ein geschrei?
das ist mir jetzt einerlei

kann wieder lachen
und spässe machen
war lange traurig
und dazu schaurig
krank
doch Gott sei dank
gehts wieder besser
und ich bin geworden ein esser
esse alles leer
was so kommt daher
und ich nehm ein messer
und schneid ein stück vom kuchen ab
dens auf dem tisch hat

wir legen uns auf die matte
die so weich ist wie watte
in die wiese
nebens gemüse
und warten auf den mond
der ist voll
das finden wir toll

Gunter
ist munter
schaufelt mächtig schnee
davon gibts immer „mee"

die ergotherapie
die
vergess ich nie
konnte wühlen mit der hand
im frischen sand
der auch anderen zur verfügung stand
drum habe ich gewaschen die hand
vom sand

ich will
sagt der Bill
und nimmt eine zitrone
ohne
saft und presst sie aus
was gibts daraus?
nichts „schlaus"

war lange krank
und das macht schlank
doch darüber mach ich mir keine sorgen
ich verschieb sie auf morgen
doch vielmehr plagen mich die gedanken
dass ich jetzt auch gehör zu den kranken

ich brauche
für mich
denn ich rauche
für dich
eine zigarette vom feinsten
denn die kleinsten
abweichungen vom tabak
spüre ich im geschmack

in
Berlin
fahren die „züge"
zur genüge
tagein tagaus
durch unser haus
denn das steht auf den schienen
der schaffner kann sich nur bedienen
mit schokolade
das wär schade
wenns das nicht mehr gäbe

verschissene kinderkleider
sind leider
für viele männer
auch heute noch ein gejammer
wo sie doch wollen sein emanzipiert
sagt der wirt
und bezieht sich auf sein eigenes kind
das er wickelt geschwind

der mief
der bleibt tief
in den kleidern hocken
und auch den socken
war drin in einer grube
dort hats ne stube
dort sind wir lange gesessen
und haben die zeit vergessen
drum miefen die kleider
leider

ich hätte geschwört
dass ich habe gehört
ein wiesel
das sucht kiesel
für seinen bau
wo steht der „au"?

ein altes buch
und ein tuch
haben nichts gemeinsam
ausser beide sind einsam
was soll ich nun
mit dieser geschichte tun
dass sie froh und heiter
geht weiter?
ich bring den wicht dazu
der im nu
mit einem fluch
nimmt das buch
und liest darin
als gehöre es ihm

gin hat er gesoffen
ich bin betroffen
das kann nicht sein
hab gemeint er wär rein
und was kostet jetzt das
der ganze spass
mit der polizei
die ihn gebracht hat „hai"
morgens um zwei?

es gestalten
die alten
das büro
hier und anderswo
doch das passt den jungen nicht
und sie machen den laden grad dicht

geschwinder
das sieht doch ein blinder
dass du langsam bist
was isst
du denn auch?
nur kartoffeln mit lauch?
genügt das auch?
ich glaube nicht
sonst wärst du den andern dicht
auf den fersen
doch du strampelst dich ab
das führt dich noch ins grab

der herr mit der melone
steht ohne
da im regen
was für ein segen
für seinen kopf
denn der arme tropf
hat keine haare mehr
jetzt spriessen sie sehr
wahrscheinlich
ein bisschen mehr
doch das wär ihm peinlich sehr

ich hätte gerne
eine laterne
dann könnt ich in die ferne
leuchten des nachts
so dass der dachs
unruhig wird
und fast stirbt

zugenommen
ganz verschwommen
seh ich was da vorn
ists ein korn?
den kipp ich mir gleich hinter die binde
und gesagt gelinde
bin ich dann schon besoffen
aber du bist nicht betroffen

die Hugs die schon lange ansässig sind
machen einen „grind"
denn ich hab bestritten
einen lauf im dorf
daran hat gelitten
der torf
den sie stechen ab
und „verdienen drab"
eine stange geld
die jetzt fehlt

aus meiner sicht
doch die zählt nicht
geht er ganz gern
nach Bern

statt dass ich seh fern
seh ich einen anderen stern
der ist ein bild von dir
das glaube mir
doch wenn ich ihn geh schauen
dann vertrauen
mir die elfen nicht mehr
und das ist so schwer
drum schau ich ihn heimlich
das ist mir nicht peinlich
und der wicht hilft mir dabei
dann schauen wir zwei

der Rolf
und der Adolf
gehen klauen
und sie bauen
ich kanns nicht fassen
kanns kaum lassen
sich am strand
im weichen sand
ein haus
das sieht ganz schmuck aus
und in dem haus
lebt auch eine maus
auf samtigen pfoten
und frisst die toten
fliegen vom tisch
doch den fisch
lässt sie schön sein
ist das nicht galant ungemein?

und die maus
die kennt
sich gut aus
im haus
und schlüpft in ihr loch
das doch
liegt neben dem klo
oder sonst irgendwo

ich setze meine flöte an
dass jedermann
sie hören kann
und spiele töne
ganz warme und schöne
dass jeder bleibt stehen
um zu sehen
wer da am spielen ist
und er lässt
ein paar münzen reinfallen in den hut
der da am boden liegen tut

so dann
und wann
schon ein leben lang
bin ich fast am verzagen
drum möcht ich dich endlich fragen
ob du mir kannst helfen
zusammen mit den elfen
zu bauen ein haus
wo wir können gehn ein und aus?

die sterne
von ferne
lassen dich grüssen
vom süssen
firmament
das ein jeder kennt
und ich zähle die sterne
in der ferne
bis naht der morgen
dann kommen wieder auf meine sorgen

es ranken
und schwanken
sich meine gedanken
in das nichts der leere
aber es sind so schwere
sie lassen mich nicht los
und ich werd ihnen bös

mit ner zigarette
rauchen wir um die wette
wer ist fertig schneller
bekommt einen teller
voll pommes frites
die der sieger tritt
mit einem stoss fort in die spüle
jetzt spüre ich erst die schwüle
die herrscht da drinnen
und ich bin binnen
sekunden weg
und drunten am steg

den Peter gibts nicht mehr
und das ist schwer
auszuhalten
er gehörte noch zu den alten
die witze machten
und auch schlachten
ein schwein
für ein spanferkel
das ist dann dein
und du lädst ein
viele leute
das gibt dann heute
viel lärm
doch den hab ich gern
bei einem fest wie diesem
und es sei gepriesen
das orchester
von meiner schwester
das mit western-
musik die stimmung anheizt
bis sie fast ist gereizt

zigaretten
will ich wetten
hast du geraucht
es schmaucht ja immer noch
drum öffne das „loch"
damit raus kann gehen der rauch
das freut mich dann auch

ich hocke beim tresen
das wärs gewesen

bin im keller
das liegt am teller
denn der ist kaputt
drum hol ich mir den hut
und geh in die stadt
wo es hat
teller noch mehr
doch wer
hilft mir beim auswählen
und zählen
der neuen teller
für den keller?

den wahn
der pan-
flöte hat mich in ihren bann gezogen
jetzt proben
wir im chor
das tönt gut im ohr

pack dich geschwind
beim „grind"
und zieh dich runter
in den sand
und du schaust munter
nach oben
grad zu den hoden
und du schlägst drein
so gemein
doch ich hab schwein
er trifft mich nicht richtig
und das ist wichtig

das model
das war zu schnell
für den laufsteg
es muss den weg
noch einmal gehen
und es wehen
die roben
von unten nach oben
ach hätt ich so ein kleid
jede frau würde platzen vor neid

dieser hund
frisst ungesund
zu viel trockenfutter
das ihm die mutter
am morgen bereitstellt
und Fifi bellt
weils ihm nicht passt
und er hasst
sein frauchen
das ihn mit rauchen
umhüllt
und Fifi brüllt
wie am spiess
ist das fies!

die chancen
haben viele nuancen
man muss sie nur sehen
und dann gehen
schnell darauf zu
und sie packen im nu

in einer vollmondnacht
da lacht
die sonne
mit wonne
auf eine tonne

ich bleibe
doch ich leide
nur vor mich hin
das ergibt keinen sinn
doch morgens um zehn
muss ich nach draussen gehn

ich bin wieder da
und du „muäsch mi haa"
den ganzen tag
weil ich nicht mag
mich woanders zu verstecken
dann lieber verrecken
und hängen am galgen
über den algen
um dann ganz betreten
ein letztes mal beten

ich hau wieder ab
und mach nen spagat
in richtung norden
wo ich meine sorgen
im meer kann versenken
und muss sie nicht mehr lenken
in geregelte bahnen
amen

stopp
und pop
passen nicht zusammen
das wissen gar die schlangen
und winden sich zu pop
du musst nur sagen hopp

ich „hau" wieder ab meine haare
denn es ist nicht „das wahre"
will sie tragen wieder kurz
und schnurz
sind sie ab
das mag ich so lieber
jetzt krieg ich noch fieber
und muss zum arzt

er trägt ein béret auf dem kopf
der arme tropf
bei dieser hitze
und ich schwitze
wie ein hund
tu ich kund
drum geh ich schwimmen
daneben trimmen
sich die muskelprotze
bis ihnen hochkommt die kotze

zwei ballone
ohne
gas
werden nass
das macht spass

wer ist der held
der will kein geld?
aber mir bringt
näher das kind
das mir gehört
und mich nicht stört
wenn ich bin am tanzen
mit nacktem „ranzen"?
und die männer die triefen
aus ihren tiefen
offenen mündern
und fangen an zu plündern
drum geb ich zurück mein kind
geschwind

die gangsterbraut bist du
du schaust ihm schon längst zu
und wartest nur darauf
mit angehaltenem schnauf
bis er sagt du
wolln wir was wagen
du darfst dabei nicht verzagen
und er holt heraus
s ist ein graus
zwei klumpen gold
die er hat geholt
raus aus einem tresor
bevor
der alarm fing an zu läuten
und er ist mit „seinen beuten"
abgehauen
zu den gangsterfrauen

da ist die strasse
die nasse
und ich steh auf der gasse
ohne tasse
in der hand
das ist ne schand

und ich brauch ein paar „noten"
um nach Kloten
zu kommen
denn da wohnen die nonnen
und die geben mir asyl
bei sich im kloster
wenns mir wird nicht zuviel
bleib ich bis ostern

ne energiebehandlung
ist ne wandlung
in die richtigen bahnen
von denen wir nur ahnen
dass es sie gibt
das riet
mir frau Nett
die macht das so gut
dass es mir wohl tut

und die möhren
die zu unsrem haus gehören
fangen an zu spriessen
sie schiessen
richtig in die luft
was für ein herrlicher duft

die geschichten
berichten
von einem gaul
der heisst Saul
der kann reiten wie der wind
so geschwind
und dazu saufen wasser
so dass er
immer muss aufs klo
doch wo
in der steppe
gibts ne treppe
zum klo?

hab geschlafen bis um vier
und geträumt von dir
wir waren wieder ein paar
das glücklich war
doch plötzlich
wie schrecklich
war der traum vorbei
und ich wieder „älai"

ein besenstiel
der macht nicht viel
geht mal auf reisen
um zu beweisen
dass er das kann
und dann
kehrt er wieder zurück
was für ein glück

es „gait"
wenns „schnait"
nicht mehr so gut
dann brauchts mut
und man muss sein auf der hut
um im schnee zu fahren
da lauern die gefahren
an jeder ecke
und auf jeder strecke
doch Nils ist zuversichtlich
und geniesst es richtig
zu fahren im schnee
juhe
und er fängt an zu driven
mit seinen reifen
den alten
und landet prompt im kalten
schnee
ojemineh

in den ferien
da „lehr i dänn"
auto fahren
unter der klaren
sonne
von der Rhône
aber bin ich denn ein depp?
„i weiss net"
wo liegt das gas
und ich ras
durch die gegend
s ist schwindelerregend

kleider und schuhe vom feinsten
sind für die kleinsten
bürger der erde
darum werde
wach
um ach
zu helfen
den kleinen elfen
beim sich anziehen
und es bemühen
sich auch die feen
und sie gestehen
noch niemals gesehen
was die kleinsten
hier vom feinsten
tragen am leibe
und eine eibe
lächelt leise
und summt ne weise
die uns berührt
und ganz gerührt
hörn wir still zu
und so auch du
Reto will hier drinnen bleiben
doch draussen weiden
die kühe
mit grosser mühe
im sumpfigen gras
denn alles ist nass

Jasmin stöhnt
und verwöhnt
ihren mann
der alsdann
zu ihr kommt gekrochen
mit einem knochen im mund
wie ein hund
sie sollte verlassen ihren mann
aber was für ein gezeter macht er dann?

wir trinken
und essen schinken
dazu
und im nu
kommt eine biene
ich heisse Fieme
poltert sie laut
und „haut"
auf den tisch mit ihren „beinchen"
dass umkippt das „weinchen"

im wald
schon bald
wird es finster
dann ziehen die gespenster
ihre runden
und erkunden
jeden stein und jedes loch
das doch
mal könnte sein wichtig
lieg ich da richtig?

Vivek
geht „a d seck"
holt kohlen aus dem keller
dann füllt er sich den teller
mit kaviar
ja das ist wahr

der Peter
da steht er
in seiner ganzen grösse
und ohne blösse
um uns zu zeigen
den reigen
den er gelernt hat
in der stadt

diese schnulze
hört herr Schulze
tag für tag
ich mag
sie nicht mehr hören
es beschweren sich sogar die „gören"
die lieber hören
pop
statt schrott

hinterm berg
da steht ein zwerg
er ist ganz traurig
denn er möchte „schaurig
gärn" werden gross
das wär doch famos

Johann trifft die magd
die sagt
es geht ihr nicht gut
was die wohl tut?

ich schreibe ein paar zeilen
um zu verweilen
bei meinen geschichten
die ich bin am dichten
dabei kommt eine hornisse
ne ganz beflissne
und zeigt mir fehler auf
auf die käme ich nie drauf

dann meint Juri es auch so
er sagt nur hoho
zu den andern
die sind am wandern
aufs Matterhorn
Juri ist ganz vorn
und sieht nach unten
wie die bunten
häuser von Zermatt
das ist ganz „glatt"
immer werden kleiner
da sagt sogar einer
so schön ists hier oben
und wir loben
die schweizer bergwelt
die wie ein zelt
uns beschützen tut
vor zu viel herzblut

na und?
das hat seinen grund
will ihn nicht nennen
denn es kennen
ihn zu viele schon
möchte mich davon
machen aus dem staub
da seh ich zu nem raub
in der bank
dort im „rank"
die räuber fliehen
und die räder glühen
die polizei kommt viel zu spät
und sie gerät
in einen hinterhalt
bis sies schnallt
ist sie schon umzingelt
und es wimmelt
von den ganoven
und die fangen an zu schwofen
und zu tanzen
mit nacktem ranzen

der Peter
ist ein vertreter
vertritt die meinung die seine
von der ich meine
dass sie hat hände und füsse
und ich grüsse
all jene „knaben"
die keine meinung haben

ich wills noch nicht so recht sagen
aber mir behagen
die neuen nachbarn nicht
die haben immer dicht
ihre rollladen
dabei kann man schon baden
im see
„was willsch no mee"?

ich habe besuch
der sucht
sich eine route aus zum wandern
da kommen die andern
nicht drauf
sie wollen hinauf
auf den Stoos
das ist famos
da können wir laufen
und uns kaufen
ein „billett" für die bahn
in unserem wahn
stellen wir ab die bahn
jetzt hängen wir an den seilen
die leute tun sich beeilen
um uns zu helfen
sogar die elfen
fliegen zu uns
und rufen uns
zu
in aller ruh
habt keine eile
es dauert noch ne weile

die beute
der netten leute
ist nicht gross
und nicht famos
doch sie haben gestohlen
und gehörn hinter gitter
da kommt ein gewitter
mit hagel und wind
da kommen die diebe husch
mit einem kind
aus dem busch
und gehn in eine andere stadt
wos auch noch hat
leute die reich sind
die kann man geschwind
bestehlen
so dass ihnen dann fehlen
ein paar tausend franken
die sie wollten brauchen zum tanken
um dann zu fahren in die ferien
nach Algerien

auf dem klo
und anderswo
siehts aus wie überall
denkste das ist nicht der fall
die einen die stinken
und von den anderen winken
uns verwegen
die klobürsten entgegen
um zu zeigen wir sind rein
so sollte es sein

es werden gestohlen
bei den dohlen
von den staren
die mal gut waren
ganz viel futter
sogar das mit butter
das wird zu bunt den dohlen
und sie holen
zu rate die eule
die hat grad ne beule
die sie tut schmerzen
aber sie spricht mit offenem herzen
zieht weg von dannen
zu den hohen tannen
da wagen sich die stare nicht hin
das ist der sinn

die luft die steht
doch dann weht
ein wind aus osten
und ich muss noch „posten"
im kleinen laden
wo sie nicht haben
kräutertee
von dem bräuchte ich „mee"
doch sie sagen geh einkaufen im Denner
denn wenn er
was hat dann kräutertee
vom see
und mangos
und cds mit tangos

wie schick
was für ein glück
für eine stunde
bin ich die schönste im lande
denn meine bande
hat mir genäht ein hochzeitskleid
das ich bin bereit
zu tragen
wenn du mich tust fragen
ob ich bin bereit
ganz ohne streit
zu werden deine frau
das möchte ich „au"
dann können wir zusammen sein
im haus allein
und können machen was wir wollen
etwa herumtollen
und schmusen
bis wir „pfusen"

bist du daheim?
ich bin allein
möchte mit dir gehen nach draussen
um von aussen
die sterne zu sehn
und wir gehn
eine weile
ganz ohne eile
und schaun uns den himmel an
wo dann und wann
runter kommt eine sternschnuppe
und ich wünsch mir heimlich ne „puppe"

ich brauch
den schlauch
denn der ist auch
ein instrument
das nicht jeder kennt
und ich blas rein
und es kommt ein ton fein
raus
und aus
ist die geschichte
von der ich berichte

sie reden vom glück
das gute stück
will einfach nicht kommen
zu uns frommen
menschen der erde
die wie eine herde
streunender hunde
gehen zu grunde

eine decke
ich verrecke
doch für meinen schoss
ist sie zu gross
brauch eine kleinere
dafür feinere
s gibt so ne decke
grad um die ecke
zu kaufen
doch wir versaufen
lieber das geld

die frage stellt sich
wer gesellt sich
zu mir
wenn ich bin hier?
dann bin ich alleine
und keine
sau fragt nach mir
das verdanke ich dir
kommst du mich wenigstens mal besuchen
und bringst mir kuchen?
einen ganz aus schokolade
den ich gerade
mit dir esse
und ne kesse
maus holt die krümel sich
und verzieht sich
in ihr loch
doch
sie hat lust auf mehr
und kommt nochmals her

die Flory
und der Lory
kennen sich beide ziemlich gut
doch das braucht mut
sie gehen zusammen fort
an einen fremden ort
denn der Lory ist so tätowiert
dass man sich für ihn geniert
und die Flory trägt ihre haare so lang und so rot
dass man könnte umfallen tot

Hannes steht auf dem perron
von London
und wartet auf herrn Hug
der mit ihm im „zug"
soll fahren zurück
was für ein glück
in die schweiz
denn da „schnaits"

sie lauern
hinter mauern
die schlauen
die klauen
und kommt dann hinterm tor
hervor
ein herr mit zwei aktentaschen
arbeiten sie immer nach den gleichen maschen
sie stossen ihn an
und dann
entwenden sie die taschen
und der herr steht da in gamaschen

bruder Lustig
ist durstig
möchte ein bier
komm ich schenk eins dir
er möcht mich drum verküssen
doch da müssen
die männer ran
und halten den fang
mir vom leib
denn ich bin kein weib

Nicole kann schlafen ein
das ist gemein
in jeder lage
da kommt der page
und fragt soll ich sie begleiten zu ihrem zimmer
wo sie schlafen immer?
ja gern
tönts für Nicole von fern
und sie kriecht in ihr bett
dort ist es warm und nett
netter als auf einer bank beim kamin
denn das ist ein spleen von ihr
das sag ich dir

ein junger spund
na und?
treibt sport sehr gesund
er geht laufen
mit einem hund
und dabei einkaufen
für die mutter
die ihm dafür kocht gesundes futter

der Hannes hat
und das ist „glatt"
eine „friise"
da kriegst du ne krise
hat so lange haare
dass man das wahre
gesicht nicht sehen kann
der arme mann

die energie im bauch
die hilft mir auch
mit meiner krankheit zu leben
die eben
zu mir gehört
s ist unerhört
wünsch mir zu sein gesund
und
mit mir im bund
ist der liebe Gott
der spielt fagott
und hilft mir beten
ich bin ganz betreten

ein junger spund
geht mit seinem hund
spazieren eine stunde
das gibt ne grosse runde
doch es mag fast nicht mehr weiter der spund
da zieht ihn einfach der hund
bis sie sind zu hause
dann steht der spund unter die brause
und jammert
dabei klammert
er sich fest
nur so zum test
am handtuchhalter
und meint ich bin kein guter hundehalter

Tscherlach ist ein dorf
das man sollte kennen
wenn mans so darf nennen

du hast viel zu denken
doch wir lenken
dich ein wenig ab
dann denkst du nicht mehr soviel ans grab
und an deine sorgen
die du hast heute und morgen
lass sie dort
die rennen nicht fort
und wir machen uns einen schönen tag
wo jeder mag
sich etwas ausdenken
und wir schwenken
unseren hut
das tut gut

des väterchens chor
sitzt mir im ohr
und sein orchester
mit bester
besetzung
bringt schwung
in den saal
wo mal war die wahl
vom bürgermeister
Kleister
der die stadt
hat
ruiniert
und jetzt ist pensioniert

anstatt das parlament zu wählen
gehn wir schäfchen zählen

ich „schlote"
mit einer „note"
hab geld soviel
da ist es ein leichtes spiel
geldscheine zu rollen
und den tollen
geschmack zu riechen
du musst dich nicht verkriechen
kannst versuchen auch mal eine
ob sie dir schmeckt so wie meine?

„i bring di hai"
das ist mir einerlei
du bist nicht gesund
mein kind
du hast fieber
da ists mir lieber
du hütest das bett
dort ists auch ganz nett
und wenn du wieder bist gesund
kriegst du einen hund

das steueramt
ist insgesamt
ein amt
worüber es gibt viel zu sagen
und beklagen
tun sich die meisten
der dreisten
bürger vor ort
und nicht nur dort

wir
machen hier
ein gezeter
und der Peter
gar nicht dumm
bleibt stumm

und da kommen die nonnen
ich seh sie ganz verschwommen
aus weiter ferne
sie würden gerne
mich einladen
zum baden
ich lehne dankend ab
denn ich mag
nicht baden gehen
ich will sehen
etwas von der stadt
die hat
berühmte gebäude viele
und ich wühle
nach meinem plan
um alsdann
zu gehen auf die suche
wies steht in meinem buche

ich bin fit und munter
um zu fahren herunter
die piste
in einer kiste
aus holz
und darauf bin ich stolz

das hat
in unserer stadt
noch niemand gesehn
so viele ratten
mit platten
bäuchen
von seuchen
doch das ist toll
jetzt ist die stadt nicht mehr so voll

herr Meier
will frische eier
um zu züchten hühnchen
für Blümchen
seine verstorbene tochter
die mocht er

dieser Opel
aus Konstantinopel
das wundert mich
dass du dich
hast dafür entschieden
denn zufrieden
bist du nicht
denn er fährt nur hundert
drum wundert
mich das schon

meine sister
hat geschwister
die sind auch mein
kann das sein?

hab fast nichts mehr gegessen
so besessen
war ich
bin ich
zu dünn geworden?
das macht mir aber keine sorgen

um nicht zu sein
allein
kauft sich Hans ne katze
mit samtener tatze
er sperrt sie ein
doch sie will heim
um zu fangen eine maus
oh welch ein graus
und sie zu verspeisen
wie tote leichen

ich stelle die weiche
da kommt ne eiche
und sagt zu mir
verschwinde hier
das ist mein platz
und du bist nicht mein schatz

ich kann essen was ich will
sagt der Bill
und nimm nicht zu
doch im nu
hat er
fünf kilo mehr
und das belastet ihn sehr

sein gesäusle
über das häusle
habe ich satt
das macht mich glatt
fünfzig jahre älter
und kälter

der herr Moll
der findets toll
zu sein
allein
daheim

Lara und Reto müssen aufs klo
darum sind sie froh
dass es mal pause gibt
wo sie verliebt
können nachgehn ihrem bedürfnis
ganz ohne zerwürfnis

Reto gibt gas
in Las Vegas
verbraucht viele kohlen
dann muss er sich holen
mehr
doch woher?

die frage stellt sich
wer gesellt sich
zu mir
wenn ich trinke ein bier?

meine tante
spielt andante
ich schlafe fast ein
es ist gemein

er gibt nur an
so dann und wann
doch wenn er kann
trägt er dick auf
so dass mir vergeht fast der schnauf

scher mich nicht drum
doch das ist dumm
sollte nach dem rechten schauen
denn es bauen
die nachbarn ein haus
wo sie dann gehn ein und aus

am tresen
ists gewesen
wo du hast mir
bezahlt ein bier

torten
die von den sorten
mit erdbeergeschmack
will der herr im frack

„grüäzi mitänand"
ich spiele im sand
und baue die burg
die steht in Murg

der bäume
viele
ohne träume
und ziele
stehen nur da
und sind uns nah

ich liege im bett
und seh dich so adrett
vor mir stehn
ich bin fast am vergehn

was machste
um halb achte?
da schaue ich fern
aber nicht gern
und ich kriech ins bett
wos ist ganz nett

von halb zwei
bis halb drei
haben die läden zu
das sagst du

in nachbars haus
gibts nen schmaus
wir sind auch geladen ein
haben wir ein schwein

es fliegen im nu
drei fliegen dazu
auf die scheisse der kuh

der Nicki
legt wert auf schickimicki
läuft gern so rum
doch ich finds dumm

ich sollte was machen
um zu lachen
habe ne panne
bin gefahren in ne tanne
es machte krach
ich sagte ach

ein „glacé"
in einer tasse
ist etwas skurril
fast wie zu sein am Nil

ich geh mit dem hund
noch eine stund
spazieren
dabei flanieren
wir herum
das ist gar nicht dumm

hatte wirklich eine scheibe
darum reibe
ich eine salbe mir ein
die soll sein ganz rein
hat mir gesagt die fee
die aus dem klee

da gibts nen salat
der macht den spagat
für einen hohen preis
ganz ohne „scheiss"

der herr mit der melone
der nie ohne
geht aus dem haus
(dafür mit ner maus)
denn das reimt sich immer
doch jetzt wirds schlimmer
er will sich setzen auf ne bank
und findet dabei den „rank"
nicht
der arme wicht
jetzt fällt er auf den boden
und niemand kann ihn dafür loben
für den scheiss den er hat gemacht
und ich hab mir gedacht
damit er wieder kann fröhlich sein
schenk ich ihm ein ein glas wein

kinder
mit offnen münder
begreifen schnell
was das soll gell

ich krieg ne torte
ganz ohne worte
von wem sie ist
weiss nur der wicht

kann erst nachher kommen
zu den frommen
nonnen im garten
die können noch warten

die hennen
sie rennen
um nicht zu verpennen
den auftritt vom hahn
Silberzahn

diese alten
tun verwalten
meine angelegenheiten
denn ich gehör nicht zu den gescheiten

kann ich verweilen
noch ein stück
und muss mich nicht beeilen?
denn das wär mein glück
dann könnt ich noch schauen
die grünen auen
und die vögel so gross
das wäre famos
ich könnt sie füttern
wie zu haus bei muttern
könnt mit ihnen freundschaft schliessen
und es geniessen
wenn ich sie kann streicheln
das würde mir schmeicheln

die „puppen" sie tanzen
und auf den betten die wanzen
zu heissen klängen
niemand tut sie verdrängen
und keiner sagt etwas wegen der lauten musik
ich glaube das ganze haus tanzt mit

ich ess kuchen
unter den buchen
wo alle leute ruhn
und es mir gleichtun

kann ich eine reise tun
ohne mein huhn?
tust du es mir hüten
dann kann es brüten
aus die eier
die dann holt der geier

die elfen kamen zum heilen
und verweilen
noch den ganzen tag
an meinem grab

mit einem schmatz
für meinen schatz
beginne ich den tag
was er wohl bringen mag?
und ob er wird gelingen
sehn wir dann
wenn mein mann
mir tut ein geschenk bringen

is bett
das isch was ii wett
und mit diär ächli schmuusä
und dänn pfuusä

Kasimir
das will ich dir
verraten
der braten
ist nicht für dich
der ist für mich
allein
und das ist fein

Livio
der brüllt nur so
hat seine windeln voll
und das ist nicht toll

in meinen armen
den warmen
halt ich ein kücken
möchts nicht erdrücken
s ist gelaufen aus dem gehege
und stand mir grad im wege

Livio
reist nach Bivio
um boccia zu spielen
mit den vielen
leuten aus Jemen
denn die wollen ihn nicht ausnehmen

es bringen mir leute
von heute
einen kuchen an die pforte
und dazu nette worte
bleib gesund
und und und...
sogar ein hund
ist mit bei der rund

Lynn
bleibt drin
im haus
denn sie sieht ne maus
die möchte sie nicht erschrecken
und aufwecken

was wird aus mir?
ich rate dir
zu schaun auf mich
das bitte ich dich
auch wenns fällt schwer
denn ich kann nicht mehr

er sagt mir noch
ach schäme dich doch
und geht dann weiter
zu ner leiter
die steigt er hinauf
und darauf
sitzt schon ne bekannte
deren namen er nicht nannte

unter der brause
fang ich schon an mit der „sause"
kann nicht mehr länger warten
bis wir sind im garten

wir gehen „posten"
und fahren nach osten
und heiter
noch weiter
bis uns versperrt ein weg
den steg
dann steigen wir aus
und essen unseren schmaus

Lara
fährt in die Sahara
will melken kühe
doch sie hat mühe
zu finden welche
sie findet nur elche

ich habe zwei gerichte
und ich dichte
noch eins dazu
dann hab ich drei im nu

komm nicht zurückgekrochen
in ein paar wochen
dann hab ich keine lust mehr dich zu „verbäbeln"
ich lass mich nicht veräppeln

es erben
die Serben
ein paar franken
damit gehn sie tanken
den wagen voll
das ist doch „toll"
sie fahrn nach hause
grad zu ner sause
und wolln nicht mehr fort
dann solln sie doch bleiben dort
wo sie sind
drum nehmen sie sich am „grind"

vorbei ist die ruh
die türe knallt zu
und das sagst du

es ist zu ende
es kommt keine wende
mehr
es tut mir leid sehr

für mich hat das leben keinen sinn „mee"
auch wenn ich „gsee"
wie meine enkel wachsen auf
ist das nicht der verlauf
von meinem leben
leider eben
ich wünsch euch alles gute
und guten mute

Theo Lingen
will hosianna singen
das macht er so gut
dass es ihm niemand tut
verwehren
und ihm zu ehren
die englein stimmen mit ein
o wie fein

ganz benommen
ist er nach hause gekommen
und legt sich hin
ich streichle ihm das kinn
und frag ihn nach dem sinn
er geriet in eine prügelei
und das war ihm nicht einerlei
er habe sich verteidigt
da wurde er grad vereidigt
um bei dieser bande mitzumachen
na was sind denn das für sachen?
ich sage zu ihm
da darfst du nie mehr hin

es finden
die zwei blinden
einen tiefgefrorenen hasen
und sie lassen ihn weiter grasen

mein vetter
fährt bei gutem wetter
in die Toscana
doch er will nicht bleiben lang da

bei tosendem applaus
verzichte ich drauf
eine zugabe zu geben
so ist es eben

ich zittere wie espenlaub
sag ich zu dir
doch du bist taub

„ich tanzä
mit volläm ranzä"
auf dir herum
doch das ist dumm
denn jetzt willst du liebe machen
und ich nur noch „bachen"

der pfarrer ruft
ich bin kein schuft!
doch bringt mir ein kind vom dorf
damit ich es kann segnen
bevor es anfängt zu regnen

ich lüge
und betrüge
meine frau
doch sie macht das „au"

ich liege rum
doch das ist dumm

oh wie krass
der hund wird nass

jeder mann mit einer glatze
lässt keine haare zurück auf der matratze
das ist fein
doch auch gemein

john hat schiss
zu verlieren sein gebiss
es hält nicht mehr richtig
doch das wär ihm wichtig

so ein entzücken
ich könnte ihn drücken
ein mann daheim
im bett allein
ich zieh sofort meine kleider aus
und werf mich auf ihn drauf

ich habe schiss
um mein gebiss
denn es schlottert
und lottert
habe angst mich zu ducken
denn ich könnte es verschlucken

ein transvestit
der nimmt mich mit
in sein lokal
wo ich allemal
muss schauen
welches sind die echten frauen?

Seite	Glossar	
009	„Wengen"	Dorf im BE Oberland (CH)
010	„glatt"	lustig
011	„pressieren"	eilen
014	„Va Bene"	Speiserestaurant
015	„Saich"	Mist
017	„go saichen"	derb für urinieren gehen
017	„no"	noch
018	„schloten"	rauchen
020	„Puppen"	Flittchen
021	„Metzgermeister"	Fleischermeister
023	„Maite"	kleines Mädchen
023	„glaub mär"	glaube mir
025	„Grind"	derb für Kopf
025	„schaurig"	wahnsinnig
025	„Wähe"	flacher Kuchen mit süssem Belag
026	„Zug"	pol. Gemeinde und der Hauptort des Kantons ZG (CH)
029	„posten"	einkaufen
029	„Velo"	Fahrrad
029	„halt"	eben
031	„schlecht"	übel
031	„Sause"	ausgelassene Feier
031	„alte Knaben"	iron. für alte Männer
032	„tschutten"	Fussball spielen
032	„blutten"	nackten
032	„glatt"	lustig
033	„Sack"	Tasche
036	„Latschen"	usg. für abgetretener Schuh
039	„Klaue"	derb für Hand

039	„Cheminée"	offener Kamin in einem Wohnhaus
040	„zäher Brocken"	schwieriger Bursche
040	„Klötzen und den Tötzen"	kleine Bauklötze, Spielsteine aus Holz
043	„am drüü"	um drei Uhr
044	„schaurig"	wahnsinnig
046	„tuten"	hupen
047	„auf die Birne die hohle"	auf den hohlen Kopf
048	„schaurig"	wahnsinnig
049	„schlecht"	übel
049	„Encaustic-Bilder"	Bilder gemalt mit heissem Bienenwachs
051	„dir ist nicht drum"	dir ist nicht danach
051	„Goofen"	schlecht erzogene Kinder
051	„Hofen"	ehem. pol. Gemeinde des Kt. SH (CH)
052	„tollen"	iron. guten
053	„Bern"	Bundesstadt, Hauptstadt des gleichnamigen Kantons (CH)
053	mit den „blutten Maiten"	mit den nackten Mädchen
054	„Dorfhalde"	Strasse in Walenstadt SG (CH)
054	„saichen"	derb für urinieren
055	„in ein Nötchen"	in eine kleine Not
055	„halt"	eben
057	„Faber Castell"	Buntstiftmarke
057	„abmachen"	sich mit jemandem verabreden
058	„Brause"	Limonade
059	„Alp"	Alm
060	„heulen"	weinen
062	„Briketts"	aus kleinen Stücken oder Staub gepresste Kohlestücke

063	„schlecht"	übel
063	„glatt"	lustig
063	„Pfünder"	500g Brot
063	„halt"	eben
063	„vertreiben"	verkaufen
064	„heule"	weine
064	„so än Saich"	so ein Blödsinn
065	„blutter"	nackter
066	„Gipfeli"	Hörnchen
068	„Friise"	Frisur
069	„Fuchtel"	herrschsüchtige, zänkische Frau
070	„mee"	mehr
070	„halt"	eben
071	„Paps"	Papa
071	„Moccachino"	Moca
072	„Kammer-Spohn"	Oberarzt, Psychiater
072	„ich ha di gärn"	ich liebe dich
072	„du bisch min Schtärn"	du bist mein Stern
072	„halt"	eben
072	„Arsch"	derb für Gesäss
073	„Franken"	schweiz. Währungseinheit
073	„betten"	das Bett machen
073	„Biene"	hübsches Mädchen
074	„jassen"	Kartenspiel
074	„Beiz"	Wirtshaus
074	die „Olle"	die Alte
075	„zu"	geschlossen
076	Doktor Kai Gänger	Oberarzt, Psychiater
076	„gopf"	schwaches Schimpfwort
077	„s bschüüsst ja so nüüt"	es schenkt nicht ein
077	„so bi dä Lüüt"	so bei den Leuten

078	die „Tollen"	iron. für die Guten
080	„Puppe"	Flittchen
081	„Biene"	hübsches Mädchen
083	ist nen „Dreck" wert	ist nichts wert
085	ich „schnall es"	ich begreife es
088	„Tram"	Strassenbahn
088	„Zug"	Eisenbahn
090	„kommt grad au"	kommt auch mit
090	„Znacht"	Nachtessen
091	„no mee"	noch mehr
091	die „alten Knaben"	iron. für die alten Männer
092	„gang go"	gehe
092	„schwanzen"	schwänzeln
093	„Mose"	Fleck
093	„Paps"	Papa
094	„sause"	rase
094	„gut drauf"	gut gelaunt
094	„Super"	Super-Benzin (das ist teurer)
094	„Kommst du draus"?	Begreifst du es?
096	„Nötchen"	Geldschein mit geringem Wert
096	„Goschen"	Mäuler
096	„Füür"	Feuer
098	„geschwinder"	schneller
099	„Goof"	schlecht erzogenes Kind
100	„Zug"	Eisenbahn
101	mit „solch hohen Sachen"	mit solch einem hohen Tempo
101	„bachen"	backen
101	„Wähe"	flacher Kuchen mit süssem Belag
101	„Rüssel"	derb für Nase
101	„Zuber"	Holzbottich
102	„Cheminée"	offener Kamin in einem Wohn-

104	„Trüller"	einen ungewollten Kreis haus
104	„Velo"	Fahrrad
104	ich „lass där"	ich lasse dir
105	„Rin Tin Tin"	Hund aus einem alten Comic-Heft
105	„Gören"	Frechlinge, Bälge
106	„Puppe"	Flittchen
106	„Flums"	mittelgr. pol. Gemeinde im Kt. SG (CH) mit Skigebiet
107	„gopf"	schwaches Schimpfwort
108	„Bell"	Einkaufsladen, Verkaufskette
109	„plag" mich nur	stör mich nur
110	„Haas"	Hase
111	„schlote"	rauche
113	„Buxtehude"	Stadt südwestlich von Hamburg
114	„Zug"	Eisenbahn
114	„Nötchen"	Geldschein mit geringem Wert
116	„sauge" ich	staubsauge ich
116	„Chläuse"	Mehrzahl von St. Nikolaus
117	„Rügen"	Insel vor der vorpommerschen Ostseeküste (D)
118	„mit der flotten Sohle"	die leichtfüssige Tänzerin
119	„Horgen"	pol. Gemeinde, liegt am linken westl. Ufer des Zürichsees (CH)
120	„Winde"	Dachboden
120	„schlecht"	übel
121	„Zmorgen"	Frühstück
121	„Schäufchen"	kleine Schaufel
121	„glatt"	lustig
122	„Pöstler"	Postbote
123	„Munggen"	Murmeltiere

123	„gumpen"	hüpfen
124	„Cheminée"	offener Kamin in einem Wohnhaus
125	die armen „Tröpfe"	die armen Geschöpfe
126	„Wangs"	pol. Gemeinde Vilters-Wangs in der Ferienregion Heidiland SG (CH)
127	„an einem Riemen"	an einem Stück
129	„Kneten"	Knete, Geld
129	„schlote"	rauche
130	„Zmorgen"	Frühstück
130	„hocken im Hals"	stecken im Hals
131	„tschau"	tschüss
131	„au"	auch
131	„Schiffli"	kleines Schiff
132	„beigt"	stapelt
132	„Stumpen"	Zigarre
134	„Most"	Benzin
137	„biste"	bist du
137	„ghait"	fällt
139	„Frau Rageth"	Psychotherapeutin
140	„Beiz"	Wirtshaus
140	„schnaits"	schneit es
143	„verleiden"	jemandem die Freude an etwas nehmen
143	„tschutten"	Fussball spielen
143	„Beck"	Bäcker
143	„Nötchen"	Geldschein mit geringem Wert
145	„Stutz"	Franken
145	„Doktor Gänger"	Oberarzt, Psychiater
146	„Mami"	Mama
147	„Feldschlösschen"	Bier-Markenname

148	„Rank"	Wegkrümmung
148	„furt"	weggehen
149	„Billette"	Fahrkarten
151	„Braut"	Nutte
151	„die haben einen Furz"	die haben einen „Spleen"
151	„schnurz"	egal
151	„die mich mal können"	Ausdruck von Überdruss
152	„Rappen"	Schweizer Münze
154	„Lara Gut"	Skirennfahrerin (CH)
155	„Knaben"	iron. für Herren
155	„Aden"	Hafenstadt in Jemen
156	„glatt"	wie geschmiert
156	„blutte"	nackte
157	„Stoss"	Stapel
158	„Braut"	Nutte
159	„Biene"	hübsches Mädchen
160	„glacé"	Eis (franz.)
160	„Va Bene"	Speiserestaurant
161	„umhauen"	umwerfen
161	„ii"	ich
162	„hässig"	sehr unzufrieden, unausstehlich
162	„gschpässig"	eigenartig
162	„au"	auch
164	„Winterthur"	6. grösste Stadt der Schweiz im Kt. ZH
167	„halt"	eben
167	„Gören"	Frechlinge, Bälge
168	„mais"	Lärm
168	„Frau Heieis"	Kunsttherapeutin
169	die „Mocken" von Männern	die mächtigen Männer
170	„halt"	eben

172	„schaufelt"	bringt
174	„au"	auch
174	„posten"	einkaufen
174	„wandärä"	wandern
175	„angehauen"	angesprochen
177	„Zug"	Eisenbahn
178	„Walenstadt"	pol. Gemeinde des Kantons SG (CH) am Walensee
178	„au"	auch
180	eine Mütze „Pfuus"	eine Mütze Schlaf
181	Frau Rageth	Psychotherapeutin
181	„Randen"	rote Bete
181	„Luzern"	einzigartige Weltstadt der Schweiz
181	„trauen"	vertrauen
182	„Gören"	Frechlinge, Bälge
183	„für ein paar Runden"	für eine Weile
184	Lade	Schublade
184	„schletzen"	zuschlagen, zuknallen
184	„Goofen"	schlecht erzogene Kinder
185	„Moos"	usg. für Geld
186	„die feinen Knaben"	iron. für die frechen Männer
186	„verladen"	sturzbetrunken
187	„Knelle"	heruntergekommenes Wirtshaus
188	in die „Badi zu Wladi"	in die Badeanstalt zu Wladimir
188	„hauen"	gelingen
195	„Lauberhorn"	längste Abfahrt im Skiweltcup BE (CH)
197	„einen fahren"	einen Wind ablassen
198	„glaren"	blöd schauen
199	„gait"	geht

199	an der „Beiz verbii"	am Wirtshaus vorbei
199	„no mee"	noch mehr
199	„Murg"	kleines Dorf am Walensee SG (CH)
199	„au"	auch
199	„und hang den Männern an den Ranzen"	und hänge mich den Männern an den Bauch
200	„Zug"	Eisenbahn
200	„Löien"	Löwen
201	ein Herr „vom andern Steg"	ein schwuler Herr
201	„gait"	geht
202	„bachen"	backen
202	„Schlarpen"	Pantoffeln
203	„schnalls"	begreife es
203	„halt"	eben
203	„zu"	besoffen
203	„wett"	will
203	„das isch än Saich"	das ist ein Mist
204	„Bad Ragaz"	weltberühmter Kurort im Kt. SG (CH)
204	„no mee"	noch mehr
207	„bringen ihn ganz aus der Spur"	bringen ihn um den Verstand
209	„eben"?	wirklich?
209	„Göre"	Frechling, Balg
210	„Kies"	usg. für Kleingeld
211	„Dalmadorm"	Schlafmittel
211	mit kleinen „Bohnen"	usg. für mit kleinen Mädchen
211	„ich ziehe den kurzen"	ich verziehe mich
211	„hau" mich in die Büsche	ich verschwinde in die Büsche
211	„auf dem Wackel"	am Herumstreunen
212	„Znacht"	Nachtessen

217	„Nötchen"	Geldschein mit geringem Wert
217	„Finken"	warmer Hausschuh
218	„äs isch än Saich"	es ist ein Mist
219	„Rüäbli"	Karotten
219	„Randensaft"	rote Bete-Saft
220	„schaurig"	wahnsinnig
222	„Mufti"	islam. Gesetzeskundiger
222	„scho go"	schon gehen
222	„Gams"	pol. Gemeinde in der Kulturlandschaft Rheintal SG (CH)
222	„au"	auch
223	„Ghana"	Staat in Westafrika
225	„Kuli"	Kugelschreiber
226	„glaub mär"	glaube mir
226	„Finken"	warmer Hausschuh
227	„tschutten"	Fussball spielen
227	„Rank"	Wegkrümmung
229	„furt"	fort
230	„schlecht"	übel
234	„au"	auch
234	„Nötchen"	Geldschein mit geringem Wert
234	„Sack"	Taschen
234	„Döschwo"	Citroën 2CV, altes Kultauto, „Ente"
234	„magsch no"?	kannst du noch?
235	„Goof"	schlecht erzogenes Kind
235	„haa"	haben
238	„mee"	mehr
239	nichts „schlaus"	nichts gescheites
240	„Züge"	Eisenbahnen
241	„au"	auch
241	„hai"	nach Hause

243	„Grind"	derb für Kopf
243	„verdienen drab"	verdienen davon
247	„Loch"	ugs. für Türe
250	„muäsch mi ha"	musst mich behalten
251	„hau"	schneide
251	„das Wahre"	das Richtige
251	„Béret"	Baskenmütze
252	„Ranzen"	derb für Bauch
253	„Noten"	Geldscheine
253	„Kloten"	Stadt im Kanton ZH mit Flughafen (CH)
254	„älai"	alleine
255	„gait"	geht
255	„schnait"	schneit
255	„Rhône"	812 km langer Fluss in der CH und Frankreich
255	„i weiss net"	ich weiss nicht
257	„haut"	schlägt
257	„Beinchen"	kleinen Beine
257	das „Weinchen"	der Wein (damit es sich reimt)
258	geht „a d Seck"	arbeitet hart
258	„Gören"	Frechlinge, Bälge
258	„schaurig gärn"	wahnsinnig gerne, sehr gerne
259	„Zermatt"	pol. Gemeinde im Kt. VS am Fusse des Matterhorns (CH)
259	„glatt"	lustig
260	„Rank"	Wegkrümmung
260	„Knaben"	iron. für Männer
261	„Was willsch no mee"?	Was willst du noch mehr?
261	„Stoos"	kleiner, autofreier Winter- und Sommerferienort im Kt. SZ (CH)
261	„Billett"	Fahrkarte

263	„posten"	einkaufen
263	„mee"	mehr
263	„Denner"	Einkaufskette
264	„au"	auch
264	„pfusen"	usg. für schlafen
264	„Puppe"	Flittchen
267	„Zug"	Eisenbahn
267	„schnaits"	schneit es
268	„Page"	Page, Edelknabe (franz.)
268	„glatt"	lustig
268	„Friise"	usg. für Frisur
269	„Tscherlach"	kleines Dorf, gehört zur pol. Gemeinde Walenstadt SG (CH)
271	„schlote"	rauche
271	„Note"	Geldschein
271	„i bring di hai"	ich bringe dich nach Hause
276	„Grüäzi mitänand"	hallo zusammen
278	„glacé"	Eis (franz.)
279	ganz ohne „Scheiss"	ganz ohne Kohl
279	„Rank"	Bogen
281	„Puppen"	Flittchen
282	„Bivio"	Gemeinde im Kanton GR (CH)
284	„posten"	einkaufen
284	„verbäbeln"	behandeln wie ein Kind
285	das ist doch „toll"	das ist doch super, gut
285	„Grind"	derb für Kopf
285	„mee"	mehr
285	auch wenn ich „gsee"	auch wenn ich sehe
287	„ich tanzä mit volläm Ranzä"	ich tanze mit vollem Bauch
287	„bachen"	usg. für schlafen
287	„au"	auch

Brigitte Riederer, geboren am 31. 12. 1953 in Zürich, wohnt schon seit 1974 in Walenstadt SG (CH). Sie hat drei erwachsene Söhne, zwei Schwiegertöchter, Hannes und seine Freundin im eigenen Haus, vier Enkelkinder, ist seit 2003 verwitwet und nach der grossen Liebe in keiner Beziehung mehr.

Ihre Leidenschaften neben dem Schreiben sind: Fotografieren, Encaustic malen, Arbeiten mit Holz, Klavier-, Knopf-Akkordeon- und Mundharmonika- Spielen, Meditation und Qi Gong.

Sie ist ausserdem Kinderskilehrerin, Entspannungstrainerin, Langstreckenschwimmerin mit Brustschwimmen und Encaustic-Kursleiterin.

Sie leidet unter anderem an einer bipolar affektiven Störung (in deren Hochs entstehen jeweils ihre Sens- und Nonsens-Gedichte) und ist häufig in der Kantonalen Psychiatrischen Klinik St. Pirminsberg in Pfäfers SG anzutreffen.

Die Autorin bedankt sich bei der Kantonalen Psychiatrischen Klinik St. Pirminsberg, Pfäfers (SG), für die grosszügige Spende, ohne die ihre Bücher nie hätten realisiert werden können.

Folgende Lyrik-Bände von Brigitte Riederer sind im BoD-Verlag erschienen:

© 2016: Sens- und Nonsens-Gedichte - Band 1 - Der Sinn des Unsinns
© 2016: Sens- und Nonsens-Gedichte - Band 2 - Der Sinn des Unsinns
© 2016: Sens- und Nonsens-Gedichte - Band 3 - Der Sinn des Unsinns
©.2016: Sens- und Nonsens-Gedichte - Das Beste aus Band 1-3 - Der Sinn des Unsinns
© 2016: Sie sind ein Stück von mir…
(Gedichte über die Verarbeitung vom Tod meines Mannes, meiner Krankheit, den Austritt aus der Klinik, an meine Seele und ein Rück-blick auf mein bisheriges turbulentes Leben in Gedichtform)
© 2016: Mandalas zum Ausmalen
(In einer Hoch-Phase habe ich Non-Stopp, Tag und Nacht, 63 Mandalas kreiert)
Format 21x21cm
© 2016: Grabstein-Inschriften Band 1
(Verse von Dichtern, Schriftstellern, Persönlichkeiten ein paar Bibelverse)
© 2016: Grabstein-Inschriften Band 2
(Sinnsprüche, Sprüche über Liebe und Worte des Trostes)

E-Mail-Adresse: brigitte.riederer@bluewin.ch

Die Bücher sind auch direkt bei der Autorin erhältlich.